Brèves de vie
Sur le Fra Li
Monti

Récit de voyage sur le GR20

Jean-Baptiste BOURGERY

Ce livre a été publié sur www.amazon.com

ISBN : 9781080789399

A mon ami Dominique, avec qui il il fut si agréable de cheminer dans ces écrits.

Un après…

Prologue

J'aime à flâner dans les méandres de ces souvenirs, sur les rudes chemins éblouissants culminant aux sommets des montagnes de l'île de mon grand-père. J'aime à revoir Quentin guide à la main nous indiquer les sources cachées aux confins des sentiers, repenser à Johan, GPS au poignet, prévoir le temps que durerait encore l'ascension *di a Bocca.* J'aime songer à Pia, à sa façon de savourer les exhalaisons des fougères au secret des grands pins laricios.

Nées par hasard dans les ténèbres du refuge de *Carozzu* sur le GR20, j'ai vu chemin faisant les notes de mon journal de bord raconter une histoire. Cette histoire, ces Brèves de vie sur le *Fra Li Montì* proviennent de contemplations, de pensées et d'émotions bien personnelles j'en conviens, mais elles n'en demeurent pas moins authentiques.

Prenez place, lovez-vous dans un coin de mon barda où il vous sera donné d'admirer le paysage et venez vivre avec nous cette extraordinaire aventure corse, ode inattendue de l'instant présent…

Mercredi 11 juillet 2018
Premier jour

Nul n'est prophète en son pays

Départ au chant du coq de *Calenzana*, après une nuit de fête suite à la victoire des bleus contre la Belgique. La composition de mon sac a été laborieuse la veille et le sommeil tardif à venir, aussi le réveil m'arrache-t-il une grimace à l'aurore.

Marchant hagard dans les ruelles du village, je distingue de loin le premier panneau du GR20 indiquant la destination nord-sud jusqu'à *Conca*. Une chapelle dédiée à Saint Antoine de Padoue trône au commencement du sentier, l'occasion d'une prière, que j'adresse à tous ceux que j'aurais voulu amener avec moi sur le *Fra Li Montì*.

Je m'élance sur le sentier et croise une ribambelle de personnes hétéroclites dont deux soldats Belges qu'on ne s'était pas privé de chambrer la veille et même encore un peu de bon matin.

Je ne suis pas au mieux de ma forme et dès les premiers kilomètres, mes douleurs dorsales se rappellent à mon bon souvenir. Fort heureusement, le chemin éblouissant détourne mon attention. Il semble briller aux reflets de la mer et s'élance à l’assaut des montagnes sur un fort dénivelé.

J'effectue cette première ascension aux côtés de Benjamin, un franco-marocain ayant laissé de côté ses proches et son métier d'ingénieur informatique pour devenir découvreur à l'occasion d'une année sabbatique, un passe-temps auquel on ne s’adonne qu'en laissant la part belle au destin. Ce jeune homme est un bon randonneur, rapide et efficace et nous marchons à un rythme régulier sur la plus grande partie scabreuse et montante de l’étape.

Nous dépassons ensuite Pierre et Stéphanie, un jeune couple originaire de Liège, venu faire la partie nord, projetant ensuite d'aller faire bronzette sur les plages paradisiaques du sud de la côte orientale.

L’effort me réveille et je retrouve peu à peu mes sensations. Benjamin que j’avais du mal à suivre jusque-là se sent talonné et finit par s’écarter pour me laisser passer. Je le remercie et force encore le pas, au point de me retrouver vingt minutes plus tard premier de cordée à l'approche du refuge *d'Ortu Di u Piobbu*, que je vois juché sur une colline à ma droite, tandis que je marche sur un replat.

En contre-bas s'étend la vaste forêt de *Bonifatù*, que l'on peut traverser en empruntant un sentier balisé en jaune. La possibilité de tenter l'expédition sans sac jusqu'à une rivière où il serait possible de barboter est assez tentant pour passer le temps, cependant je sais aussi que les jours me seront comptés pour venir à bout du GR20, alors je décide de faire usage de mes forces restantes pour doubler l'étape.

Avant de repartir, je me concocte une petite soupe chinoise sur mon vieux réchaud bancal à la terrasse du refuge et discute avec un jeune retraité dynamique. Ayant fait les 180 km dans le sens inverse, il est sur le point de finir et ne semble pas franchement fâché d'en voir le bout, son dos et ses articulations ayant été mis à rude épreuve pendant seize longues étapes épuisantes.

Après avoir englouti mes nouilles écœurantes, j'abandonne mon barda pour faire le plein d'eau à la source glacée située à une centaine de mètres du chalet. Je recroise Pierre et Stéphanie tandis qu'ils plantent leur tente sur un emplacement assez peu cosy, terreux, caillouteux et un peu en dévers, lequel me donne d'autant plus envie de mettre les voiles.

Me voilà donc affronter un nouveau raidillon qui monte en lacets dans la forêt. Il me conduit à ce qui ressemble à une bergerie en ruine, posée sur un promontoire ensoleillé. J'imagine de quoi le quotidien des bâtisseurs de ce hameau isolé devait-être fait quelques siècles auparavant. Une vie probablement réglée par une activité agro-pastorale, rythmée par l'enchaînement des saisons, bousculée sans doute à mille mètres d'altitude par les caprices du temps.

Le chemin entreprend ensuite brusquement de redescendre. Mon sac m'embarrasse beaucoup plus qu'il ne le devrait, il me fait mal aux épaules et commence à me faire regretter ma témérité ; je repense alors aux conseils avisés des deux militaires belges, lesquels disaient qu'il ne fallait surtout pas doubler la première étape, au risque de griller toutes ses cartouches d'emblée. J'aurais mieux fait de les écouter, car l'effort requis est trop brutal pour une reprise et mon corps commence à me faire souffrir. Je décide de faire une pause contre une paroi de granit, cherchant le sommeil pour tenter de récupérer. Peine perdue, le soleil se réfléchit sur la pierre et me brûle la peau du visage, que je décide d'oindre de crème. Force est de constater que mon sac est non seulement beaucoup trop lourd, mais en sus très mal organisé. Il me faut tout sortir pour atteindre le flacon. De part et d'autre pendouillent duvet, tente et tapis de sol, mal sanglés et menaçant à chacun de mes pas d'aller se perdre dans la forêt.

Je me remets en chemin en bougonnant un peu, puis oublie un peu mes rougnes à la vue envoûtante des beautés environnantes. Le paysage est de plus en plus minéral à mesure que je prends de l'altitude. La haute montagne Corse est si majestueuse qu'elle en devient presque effrayante. Le sentier est technique, aérien, accidenté, il impose une vigilance de tous les instants.

J'arrive enfin au col avec une moue de satisfaction. Tout autour, les montagnes tiennent déjà leurs promesses, se déployant à perte de vue vers le sud. À la seule vitesse de mes pieds, je suis comme téléporté dans un autre univers, déjà si loin de la plage de sable de *Calvi* où je me prélassais encore la veille à la même heure !

Grignotant mes dernières tranches de brioche, je laisse le vent glacer mon échine trempée en inspirant à fond. Juste en dessous, un randonneur bedonnant semble pressé de me rejoindre. Il vient aussi de *Calenzana*, d'où il n'est parti que tard dans la matinée, disant vouloir se hâter d'arriver au refuge de *Carozzu* à une heure raisonnable. Le voyant quasiment courir dans les éboulis, je me remets en route sans plus tarder, ignorant finalement combien de kilomètres et de dénivelé il me reste encore à parcourir.

Accélérer le pas ne suffit pas et l'étrange athlète a tôt fait de disparaître de mon champ de vision. Conjugué à la fatigue et au stress, cet événement insignifiant parachève d'anéantir l'outrecuidante arrogance dont j'ai fait preuve en décidant de doubler l'étape du jour.

Ayant enfin atteint *Bocca Carozzu* sur une ligne de crêtes, je ne suis d'ailleurs pas encore au bout de mes peines, car il me faut ensuite m'engager dans une terrible descente, au cours de laquelle les lanières de mon sac me rompent les épaules. Découvrant un coin d'ombre dans une petite grotte de fortune, je m'y réfugie et y fait la connaissance de Laurent et Éloïse. Frère et sœur bretons, ils sont partis au matin du précédent refuge et se retrouvent finalement bons derniers. Éloïse est inquiète, pour ne pas dire apeurée par la physionomie du sentier, elle est fort heureusement soutenue en chaque instant par son frère, d'une douceur et d'une patience forçant le respect.

Quand je me remets en route, n'allant guère plus vite que les frangins, chaque pas supplémentaire me paraît plus lourd que le précédent. J'aperçois heureusement le refuge de *Carozzu* dans un trou de verdure où chante une rivière, bouche ouverte, dégoulinant de sueur, hirsute et complètement fourbu.

Une équipe dynamique m'accueille avec le sourire, manifestement ravie de me voir opter pour un lit et un petit déjeuner contre la modique somme de 20€. Franchement, ce n'est vraiment pas cher payé pour un si grand confort au milieu de nulle part.

Il doit être 18h30 quand je pose enfin mon sac sur une étagère, déballant tout mon baluchon à la recherche d'un maillot de bain. Libéré de mon fardeau, je marche plus guilleret un bon quart d'heure sur l'étape du lendemain pour aller me baigner dans une petite vasque d'eau froide surmontée par la passerelle de *Spasimata*.

J'y demeure le temps qu'il faut pour me débarrasser de la poussière qui semble s'être incrustée jusque dans mes os et laisser mes muscles endoloris se délasser un peu. Écroulé de fatigue, je m'étends ensuite sur une roche chargée de chaleur aux abords et m'endors aussitôt.

Quand je me réveille, la lumière du jour s'est faite plus discrète. Je retourne au refuge nonchalamment, massant mes épaules courbaturées, me demandant déjà s'il ne faudrait pas envisager de terminer mon séjour au camping le lendemain soir.

Indolent, je me popote ensuite un bol de riz sur la plaque de gaz communautaire du réfectoire, quand Pia, une charmante jeune personne engage la conversation. Elle est institutrice dans le privé, un choix guidé par sa foi, car elle enseigne aussi le catéchisme.

Il n'en fallait pas davantage pour me lancer avec elle dans un grand conciliabule spirituel, auquel toute une tablée réunie par hasard autour de nous pour le dîner participe volontiers, chacun exprimant librement ses convictions, moi me réjouissant de les partager avec cette jeune collègue si différente de la plupart des gens.

À la question de savoir qui nous sommes et qui pourrait être le bon Dieu, je réponds sans certitude qu'il pourrait être cette énergie créatrice venue du néant au moment du Big Bang, un tout originel ayant conquis l'univers en milliards de milliards de particules, dont nous ferions tous peut-être partie. Il serait nous, nous serions lui, minuscules particules de Dieu.

La soirée s'achève devant un coucher de soleil rougeoyant que Pia et moi contemplons sur la terrasse. Nous nous parlons de nos vies, nous découvrons des points communs et décidons que nous déjeunerons et marcherons ensemble le lendemain.

Tandis que je rejoins le dortoir et farfouille dans mon sac à la recherche de quelque chose qui pourrait me faire office de coussin, je vois Pia écrire au stylo dans un petit carnet auréolé d'une discrète lumière, suspendue près de ses yeux et l'imagine tenir un journal de bord. Brillante idée ! Plus question d'abandonner ! Je prends exemple sur elle et utilise mon Smartphone comme carnet de voyage.

Laissant glisser mes doigts sur le petit écran venu seul déranger les ténèbres impénétrables du dortoir, je me laisse happer par ma tâche et ne saurais dire combien de temps s'écoule avant que je ne m'assoupisse.

Lorsque je me réveille au beau milieu de la nuit, mon téléphone repose sur ma poitrine et j'ai le gosier sec comme du carton. Il faut dire que le dortoir est bondé et que la chaleur humaine est d'autant plus prononcée au troisième étage de la mezzanine où l'on m'a fait élire domicile. Je n'y vois goûte et mon carnet de voyage a eu raison de la batterie de mon portable. Seul repère pour guider mes pas dans le noir : le concerto de ronflements qui m'indique plus ou moins les endroits où il vaut mieux ne pas aller. La providence guide mes mains jusqu'à une paire de pieds un peu farouches qui s'écartent en grognant, puis à une échelle que je dévale avec maladresse jusqu'au plancher. Cela ne se fait pas sans bruit et le brusque silence des ronfleurs me laisse entendre que j'ai probablement réveillé toute la chambrée. Fort heureusement, il en faut plus pour troubler le sommeil d'un randonneur et le concerto reprend de plus belle tandis que je franchis le seuil de la porte fenêtre menant à la terrasse.

La voûte céleste est vierge de nuage, la terre dépourvue de pollution visuelle, mes pupilles alertes au moindre soupçon de lumière, alors mes yeux braqués vers le ciel s'emplissent du scintillement d'une myriade d'étoiles. Particule parmi les particules, je pense à mes enfants chéris qui sont privés de ce spectacle à l'instar des autres gamins des villes, aveuglés par les lampadaires, les télés et les panneaux publicitaires.

Je suis rappelé à la réalité par ma soif et me dirige pieds nus dans les ténèbres du réfectoire, à la recherche du robinet. L'eau froide de *Carozzu* me procure une sensation exquise, ainsi qu'une envie bien naturelle, que je ne pourrais soulager décemment qu'en m'orientant à vue jusqu'aux toilettes, situées à l'autre bout du campement ! Il semble faire aussi sombre dehors que dedans et mes pieds nus se blessent sur un chemin parsemé d'épines et de graviers saillants. J'opte donc finalement pour un coin tranquille dans la forêt juste au-dessus, commençant tout doucement, prêt à m'interrompre à tout moment, au cas où un randonneur dans sa tente trouverait à remettre en cause la pertinence du choix de l'endroit.

M'étant un peu habitué à la pénombre, je retrouve ensuite la porte fenêtre sans mal et retourne dans le dortoir où le troisième mouvement du concerto des ronfleurs bat son plein. Je remonte à l'échelle, écrase à nouveau par inadvertance la farouche paire de pieds, puis me rallonge enfin dans mon douillet duvet.

Jeudi 12 juillet 2018
Deuxième jour

Un nouvel Eden

Il n'est pas plus de cinq heures quand les randonneurs du dortoir se lèvent comme un seul homme, frontale vissée sur le front, se tortillant comme des vers pour changer slip et chaussettes dans l'espace exigüe de leur couchette, réunissant leurs effets dans un feutré tintamarre qui a raison de ma grasse matinée. N'étant pas personnellement équipé de la précieuse lumière, je me réveille aussi car je perçois finalement tout l'intérêt de profiter de celle de ma plus proche voisine, malheureuse propriétaire de la paire de pieds que j'ai écrabouillée à deux reprises au beau milieu de la nuit et qui m'adresse une muette désapprobation en relevant hautainement le menton pour toute réponse à mon salut matinal. Tandis que je bataille avec mon sac de couchage, elle roule le sien en un parfait cylindre, puis glisse comme un chat à l'échelle jusqu'au plancher.

Privé de sa lumière, j'en fais autant avec beaucoup moins d'habileté et réalise qu'il ne reste quasiment plus personne dans le dortoir sinon Pia, qui dort encore d'un imperturbable sommeil. Sa longue chevelure ondule de sa couchette jusqu'à celle du dessous, conférant tout à coup grand charme à l'endroit.

Il me faut faire plusieurs aller-et-venus pour réunir mes affaires et je prends la ferme résolution de réorganiser mon sac afin de m'épargner les tracas de la veille. Mon entreprise est initiée par l'abandon de mon vieux réchaud et de ses recharges sur la grande table du réfectoire, équipement inutile sur le GR dans la mesure où des cuisinières à gaz sont mises à la disposition des randonneurs dans chaque refuge. Ce gain non négligeable de volume et de poids me permet de faire entrer ma tente et mon tapis de sol dans le sac et surtout d'avoir accès à mes bouteilles d'eau disposées sur les poches des côtés. Je peste de ne pas m'être acheté des pailles flexibles ajustées à des bouchons spéciaux quand j'en avais l'occasion, car elles m'auraient été fort utiles pour m'hydrater tout en marchant. Je trie ensuite mes affaires par thème dans des sachets plastiques : nourriture, vêtements, trousse de toilette. Une fois la restructuration faite, je soupèse triomphalement le tout et me sens déjà plus léger !

Pia m'avait rejoint assez tôt sur la terrasse pour assister au parachèvement de ma délicate besogne et elle m'adresse un sourire encore un peu embué de sommeil.

- Tu sais, me dit-elle, tu peux aussi laisser ta gamelle, il y a tout ce qu'il faut dans les refuges, même dans les bergeries ! Moi je suis prête, tu veux qu'on aille prendre le petit déjeuner ?

J'opine de la tête et rouvre mon barda pour l'alléger encore un peu, puis tâtant le couvercle familier de ma popote je me ravise. Non, tout de même, je ne vais pas abandonner une si belle gamelle ! Refermant mon précieux sac, je rejoins Pia devant un panier préparé à notre intention. Il est rempli de délicieuses victuailles : pain frais, beurre, confitures et café chaud ! Quel palace ! Les joues rougies par la gourmandise tandis que nous satisfaisons nos appétits, nous entamons une longue conversation, nous découvrant déjà foule de points communs.

Partis bons derniers à cause de notre réveil plus tardif et

surtout de notre festin matinal, nous atteignons assez vite la passerelle sous laquelle je me suis baigné la veille et je profite des premiers mètres pour frimer en connaisseur sur les quelques difficultés que j'avais identifiées. Mes épaules me font toujours un peu mal, mais pas question d'en faire mention, d'autant que Pia est un cabri infatigable. Elle s'élance à très bon rythme dans la montée, me parle de Brune, sa grande sœur et de ses frères, de ses parents et de son travail. Il y a déjà des drames et de profondes blessures qui ont jalonnés sa route, mais je discerne en elle une force intérieure, une ferveur et une foi indéfectibles, moteurs d'une détermination remarquable. Elle semble pouvoir soulever des montagnes, tout du moins les franchir sans grande difficulté et nous progressons à une allure déconcertante. Je lui parle quant à moi de mon fils Maxime que j'ai eu le plaisir de rejoindre sur Nice, de ma fille qui me manque et de mes chagrins d'amour, non sans une certaine affliction. Elle prend connaissance de mes pérégrinations avec respect et compassion. Il est aussi beaucoup question de nos classes et surtout des chers élèves qui les composent. Nous nous reconnaissons dans les pratiques et la conscience professionnelle de l'autre, partageant la même philosophie du métier, à ceci près qu'elle commence le sien et que moi j'ai choisi tout récemment de faire fonction de conseiller pédagogique.

En devisant, nous dépassons quantité de randonneurs plus matinaux, dont Laurent et Éloïse, toujours aussi attentifs aux circonvolutions du chemin, ainsi qu'un vieil homme très en difficulté sur une zone d'escalade pourvue d'une chaîne et qui refuse catégoriquement d'être aidé. Pia et moi franchissons des dalles rocheuses parfois escarpées avec aisance jusqu'au petit lac de la *Muvrella.* Nous le regardons briller au soleil avec envie, désirant sans mot dire nous arrêter un peu pour y tremper nos pieds. L'intensité de nos échanges nous le fait cependant vite oublier et nous atteignons le sommet de notre étape à *Bocca i Stagni,* entre deux bassins versants. D'un côté, *Calvi* semble nous faire ses adieux par-delà les premières cimes nord que nous venons de franchir, de l'autre, les toitures déjà visibles des chalets de la petite station de ski du haut *Asco* nous appellent vers le sud où nous mène le GR.

En dévalant une pente assez technique, nous évoquons

notre passion commune pour l'écriture, entonnons des refrains familiers empruntés à la chanson française, en particulier à Maxime le Forestier. Cette Pia, si jeune, qui est-elle ? Pourquoi a-t-elle choisi de cheminer seule sur le GR ? Quelle était la probabilité que nous nous rencontrions sur ce sentier ?

Il est à peine dix heures trente du matin quand nous foulons la route carrossable de la station, la difficulté de la descente n'ayant en rien émoussé notre loquacité. Remontant un peu plus haut comme pour faire durer encore un peu nos échanges, nous faisons demi-tour et nous présentons à l'accueil du refuge.

Le jeune gardien nous parle avec un accent si chantant qu'il ne peut cacher qu'il est un vrai Corse, ce que je m'empresse de lui faire remarquer.

- Qu'est-ce-que c'est qu'un vrai corse, me demande-t-il l'air vexé ?
- Je ne sais pas, quelqu'un qui est né, qui vit et qui travaille sur l'île je présume. N'est-ce pas ?
- Hé ! Tranche-t-il brusquement, je n'ai pas envie de parler de ça !

Pia contient un petit rire en me voyant le regarder les yeux écarquillés, éberlué d'être accueilli avec si peu de cordialité. Pour la peine, je réserve un lit sans petit déjeuner, ce qui laisse le gardien de marbre, voire même qui semblerait l'arranger. Quand nous lui demandons l'autorisation de nous faire cuire quelque chose à manger, il nous réclame un répit d'une demi-heure, le temps de donner un coup d'éponge sur les deux tables du fond du réfectoire et nous claque la porte au nez !

Le refuge est sommaire, mais plutôt propre et bien équipé. On nous attribue une chambre à quatre lits superposés que nous occuperons seuls, la plupart des autres randonneurs, par soucis d’économie ou par peur des punaises de lit, préférant planter leur tente autour du bâtiment.

Nous les laissons à leur besogne et allons ensemble au restaurant d’à côté pour y réserver deux menus pour le dîner. Nous avons le plaisir d'y être accueillis comme des rois. Vrai Corse lui aussi, le garçon de café est tout à fait sympathique, il nous communique même en secret un petit coin de rivière, dans la descente, à l'endroit d'une épingle, derrière un gros rocher, au bout d'un sentier d'une centaine de mètres. Exactement ce qu'il nous faut pour nous relaxer ! Nous retournons à la hâte à notre chambre pour enfiler nos maillots et prendre de quoi casser la croûte. Les housses de nos duvets nous font office de sacs de plage et nous voilà repartis en quête du petit coin de rivière secret.

Il est tout juste à l'endroit indiqué. Nous y voyons couler une eau vive, ayant ruisselé des névés fondant au soleil quelques dizaines de mètres à peine au-dessus de nos têtes, dans un couloir d'avalanche ayant laissé choir quelques immenses troncs d'arbres impétueux. Le torrent coule en cascade dans une vasque bleutée, vrombissant de concert avec le chant des oiseaux cachés dans les branches des arbres de la forêt environnante.

Je plonge ma main dans l'eau pour estimer à vue de nez la température et la ressors aussitôt en secouant mes doigts transis par le froid, me demandant sincèrement si je parviendrai à m'y baigner, persuadé que Pia n'oserait pas y mettre un orteil.

Mais contre toute attente, la voilà qui entre doucement une cheville, puis un mollet. Frémissant de tout son corps elle me regarde, s'immerge jusqu'à la taille, puis prend une grande inspiration et se jette dans la vasque en étouffant un cri ! Mis à part ma petite Lily, jamais je n'aurais cru quiconque capable d'une pareille prouesse, laquelle m'enhardit et je me jette dans l'eau glacée à mon tour en bloquant ma respiration. Quelques brasses chaotiques nous rejettent sur les abords rocheux de la clue, que nous quittons sitôt après y être entrés, les corps tremblants, mais le sourire aux lèvres d'avoir osé !

Nous nous étendons sitôt après sur un rocher chargé de la chaleur torride du soleil. Pia ferme les yeux, son souffle ralentit, ses yeux se ferment et elle s'endort. Je ne tarde pas à la rejoindre au pays des songes, comme transporté dans un nouvel Eden, où le temps soudain, s'arrête.

...

Le coin de rivière secret a manifestement été éventé, car une grappe de marcheurs vient finalement nous y rejoindre. Ils constatent à leur tour qu'ils ne se seront pas déplacés pour une longue baignade, leurs yeux prêts à sortir de leurs orbites lorsque confiants, ils se jettent à l'eau sans l'avoir effleurée préalablement.

Après avoir grignoté quelques vivres sur le pouce, Pia et moi décidons de leur abandonner notre vasque glacée, puis de retourner à la station pour aller faire un brin de toilette plus conséquent.

C'est un peu étourdis que nous revenons à la civilisation. Voici une singulière amitié qui prend corps entre nous, tendre, sans filtre ni barrière, ni mauvaise intention. Il y a nombre de choses que je lui aurais caché si j'avais voulu la séduire, en outre je ne suis pas vraiment libre, elle ne l'est pas non plus et les quinze années qui nous séparent sont loin d'être les seuls obstacles à une idylle. Pourtant je ressens pour elle quelque chose de nouveau, d'insolite, de surprenant ! Le besoin de la choyer, de lui prêter assistance sur ce sentier, la sensation étrange que je la connais depuis toujours et qu'elle m'a percé à jour elle aussi.

Quand nous revenons au campement, Benjamin qui

a doublé l'étape aujourd'hui et a planté sa tente à côté du bâtiment de la station me salue en nous regardant d'un air inquisiteur, à l'instar des deux militaires belges qui semblent rassurés de me revoir et me sourient. J'échappe à leurs regards convenus en allant vaquer à mes occupations et entreprends de me décrasser à une eau qui devait être chaude mais qui l'est à peine davantage que celle de la rivière, tous les autres randonneurs ayant procédé à la même besogne une bonne heure auparavant.

Quand je sors revigoré de ma douche froide, Pia nettoie son linge au lavabo. Elle est tout sourire, habillée de frais, les cheveux ruisselant sur ses épaules, ses pieds nus piétinant un sol à la propreté douteuse. Comme je vois sa petite pile de linge déjà méticuleusement lavée et essorée, je l'attrape et la fait assoir sur le plan de toilette. Elle résiste un peu mais je lui ordonne de ne plus bouger, débarrassant chacun de ses orteils des microbes et des saletés stagnant au sol, lui rappelant au passage que ce n'est ni plus ni moins qu'un geste chrétien de ma part.

- Et maintenant, comment tu vas faire ? Me défie-t-elle en faisant la moue.

Je la soulève à nouveau comme une brindille pour la conduire jusqu'à son lit.

Quand je la rejoins dans la chambre, elle s'occupe d'écrire quelque nouveau récit secret dans son petit carnet. Je donnerais cher pour être à la place de sa petite lumière et pouvoir en prendre connaissance. Pour apaiser ma curiosité, je m'étends à mon tour sur mon lit et entreprends de consigner mes notes quotidiennes dans mon téléphone que j'avais pris la précaution de recharger. Nous nous laissons absorber par notre tâche dans un étroit silence, qui nous conduit d'un trait jusqu'à l'heure du dîner.

Je lui fais signe de me rejoindre pour lui faire lecture de ma prose, y investissant les accents surfaits de ma voix gutturale, voyant son sourire s'agrandir à mesure que je mets mon texte à nu. Comme j'achève mon compte-rendu, elle me félicite mais refuse en bloc de me livrer ses propres écrits. Je m'en offusque et lui réclame réciprocité, lui disant que je ne bougerai pas de la chambre sans l'avoir entendue.

Un peu gênée, elle retourne s'asseoir sur son lit et dans la semi pénombre du dortoir, me lit un passage qu'elle vient d'écrire me concernant.

Elle y décrit l'aura d'un grand-frère, chrétien, tendre et sensible, avec des mots si bien choisis que les battements de mon cœur s'accélèrent. Sa plume est légère, simple, directe, efficace. Je pense que Pia écrit mieux que je n'écrirai jamais. Quand elle achève sa lecture, je suis comme transporté par ses pensées.

Elle s'interrompt et me dit qu'elle meurt de faim. Je lui réponds que je serai ravi de l'inviter à dîner. Bourgeois d'un soir, nous saluons les autres randonneurs et leurs gamelles aux abords du refuge et allons d'un bon pas nous sustenter au restaurant du coin.

Si Pia n'avait pas été là pour le partager avec moi, j'aurais trouvé le menu que nous avions réservé un peu fade à la vérité. Fort heureusement, nous reprenons nos conversations de plus belle, parlant des anges, de spiritisme et de résurrection. Nous surprenons Laurent et Éloïse en train de se régaler au fond du restaurant. Ils ont eu le bon goût de choisir des plats à la carte, se consolant de leur rude journée de marche par un repas gargantuesque qui nous fait un peu saliver.

De retour au refuge, Pia ne tarde pas à s'endormir, le corps de trois quarts tourné vers mon lit, ses cheveux ondulés noyant les jolis traits désormais familiers de son visage, que la pénombre à mes yeux ne saurait obscurcir.

Vendredi 13 juillet 2018
Troisième jour

Les profs

Le dîner de la veille, ainsi que le sommeil de plomb qui lui a succédé, m'ont rendu la quasi-totalité de mes forces et je me réveille assez gaillard à l'aurore. Je puise dans mes victuailles pour me composer un petit déjeuner frugal, pense à récupérer mon linge presque sec à l'étendoir communautaire et prépare mon sac sur la terrasse en bois du refuge. Fin prête depuis cinq à dix minutes déjà, Pia m’attend, définitivement mieux organisée et plus prompte à se préparer. Il faut dire qu'avec ses modestes chaussures montantes, son short bleu relevé d'une touche d'orange aux coutures et son tee-shirt blanc décoré de discrets motifs d'ancre bleu marine, Pia n'a rien d'une poupée sophistiquée. Seule coquetterie s'il en est : sa tenue est assortie à son sac à dos, d’un bleu criard qui a le grand avantage de la rendre visible de loin dans les déserts minéraux qu'il nous faut traverser en altitude. En fait, Pia n'a d'autre artifice que son sourire, lequel est amplement suffisant à me mettre du baume au cœur de bon matin.

La première pente à gravir est celle de la piste de ski tranchant la pinède de la petite station *d'Asco Stagnu*. Elle ne nous pose aucune difficulté particulière. Le problème est que nous nous lançons dans une conversation professionnelle coûteuse en réflexion, qui nous distrait au point de nous faire oublier de regarder les traces rouges et blanches du GR. Quelle erreur de débutant ! Lorsque nous réalisons qu'il n'y a plus la moindre balise autour de nous, nous avons déjà cheminé un bon kilomètre dans la mauvaise direction ! La prudence nous intime de faire demi-tour, mais je décide de prendre un peu de hauteur à la recherche de cairns qui pourraient nous remettre sur les rails. Après dix bonnes minutes de recherche infructueuse, tandis que je suis finalement disposé à rebrousser chemin, je distingue enfin une colonne de randonneurs à environ 500 mètres de l'endroit où nous nous trouvons. J'identifie une jonction possible et nous l'empruntons en marchant dans une sorte de maquis un peu spongieux, jusqu'à un torrent que nous franchissons en prenant garde de ne surtout pas nous mouiller les pieds. Se perdre en chemin est un risque à prendre en considération, nous le savons fort bien, aussi reprenons-nous notre joute pédagogique en rouvrant grand les yeux.

Il est notamment question d'un mémoire que Pia doit écrire au sujet des stratégies de compréhension mises en œuvre par les jeunes élèves dans le cadre d'un travail sur des albums sans texte. Un sujet en vogue sur lequel elle a déjà bien avancé intellectuellement. Je la questionne, l'encourage à persévérer et la pousse un peu dans ses retranchements. La voyant commencer à ronchonner dans une interminable montée glissante et caillouteuse, il me vient à l'idée qu'elle aurait pu trouver meilleur partenaire qu'un conseiller pédagogique débutant pour couper avec le monde…

Comme nous approchons du Monte Cinto, le paysage devient lunaire et la montée infernale. Nous parvenons enfin à la pointe des Eboulis, à 2607 mètres d'altitude en poussant un profond soupir de soulagement. Sur ce promontoire rocheux, nous pouvons discerner le lac de *Calacuccia.*

Il y a un vent frais qui nous oblige à nous couvrir et nous nous étendons sur un lit de cailloux au milieu des autres randonneurs. La plupart se lancera à l'assaut du Cinto, mais à cette alternative nous préférons de beaucoup celle de casser la croûte en poésie, moi, exhumant quelques vers de mon Smartphone, elle, me dévoilant une nouvelle page de son carnet.

Je pense que la lecture silencieuse de son poème me permet de percer à jour le secret de sa solitude sur le sentier. C'est une grande preuve de confiance qu'elle m'accorde. Je le parcours à plusieurs reprises avant de le lui rendre, le regard soucieux et interrogateur.

- Je vais bien, ne t'en fais pas. La montée était un peu dure pour moi aujourd'hui, mais là, maintenant, je suis si heureuse !

Je le suis aussi. Le soleil est au zénith, nous sommes tous deux allongés côte à côte sur le toit de la Corse fabuleuse et je ne serai jamais aussi proche de Pia qu'à cet instant présent.

Depuis que la voie du Cirque de la Solitude est interdite d'accès au public du fait de sa dangerosité, le GR nous conduit au refuge de *Tighjettu* par le biais d'une longue descente de près de mille mètres de dénivelé dans un pierrier, à dévaler sous un soleil brûlant ! Pour rompre la monotonie du tronçon, je m'amuse tantôt à sauter dans les éboulis, tantôt à glisser sur des névés. Pia s'inquiète de me voir commettre des imprudences et me rappelle qu'elle ne pourrait pas me porter en cas d'accident. En écoutant la voix de la sagesse, je réalise que ces acrobaties ont fait chauffer mes petits orteils.

Je reprends donc un rythme de marche plus conventionnel dans la descente, ménageant ainsi mes pieds et mes articulations que je n'ai pas spécialement préparés à surmonter une si longue randonnée, faisant plus de vélo et de natation en ville depuis février que de marches ou de joggings. J'évoque les restes de mes connaissances en sociologie et en démographie avec

Pia, qui a par hasard le même cursus universitaire, mais ne partage pas du tout mes idées, lesquelles se heurtent d'ailleurs à son désir de fonder une famille très nombreuse avec son futur mari. Cette première vraie divergence de point de vue me ramène à un principe de réalité. Je sens Pia un peu lasse de notre longue journée de marche et très impatiente d'atteindre le refuge.

Nous le voyons enfin jaillir du sol pierreux au-dessus d'un vallon où coule une rivière. C'est un chalet atypique aux formes contemporaines, sorte de champignon de bois bâti sur deux niveaux, où terrasse, réfectoire et dortoir, contigus dans cet ordre, offrent un confort très appréciable. Le personnel qui plus est, simplement composé du gardien et d'une jeune fille dynamique, est tout à fait adorable, ce qui ne gâche rien.

En dépit de ses atouts, *Tighjettu* est pourtant boudé par une bonne moitié des randonneurs, dont Benjamin et les militaires belges, qui voient un intérêt à prendre de l'avance sur l'étape du lendemain qu'ils envisagent de doubler. Pour ce faire, ils font le choix d'aller dormir dans une bergerie où se vendrait un bon fromage. Prévoyante, Pia avait payé et réservé un lit au refuge et se retrouve un peu contrainte d'y demeurer. Quant à moi, je préfère de beaucoup la compagnie de Pia à l'odeur alléché du fromage, quand bien-même il m'aurait fait penser à la saveur délicieuse de celui produit en Castagniccia par mon ami Charly de *Cozzi*.

Quand mes premiers compagnons de voyage rencontrés à *Calenzana* s'engagent sur le sentier en contre-bas, je suis tout de même conscient que leur stratégie d'avancement sur le sentier leur permettra de gagner un temps précieux. Moi qui avais sur eux une étape d'avance depuis mon exploit inconsidéré du premier jour, je me retrouve ce soir déjà distancé. J'éprouve un sentiment étrange tandis qu'ils disparaissent au détour du chemin, car je réalise qu'il ne me sera peut-être plus jamais donné de les revoir, en particulier Johan et Quentin, ces fameux militaires belges qui s'étaient montrés si sympathiques dès le premier soir et avec qui j'aurais bien passé davantage de temps. C'est aussi là que résident la magie et la mélancolie du GR20 : nous qui l'empruntons, venons des quatre coins de la France, souvent même de plus loin. De fait, les amitiés que nous tisserons seront tout à la fois intenses et éphémères, cela il nous faut l'accepter pour vivre pleinement cette expérience sans regret.

Le dire est une chose, le faire une autre paire de manches. Je ne savais pas qui était Pia trois jours auparavant et pourtant je ne peux me résoudre à la laisser derrière moi à *Tighjettu*. Faisant le choix délibéré de demeurer avec elle alors que mes jambes auraient pu me conduire un peu plus loin, je sais compromettre mes chances d'arriver au bout du GR dans les temps.

- On regarde la carte avant d'aller se coucher si tu veux, me dit-elle en me devinant soucieux. Je comptais doubler mes étapes au sud. Si tu dois prendre ton bateau le 22 juillet, on peut encore marcher ensemble jusqu'au refuge de *Pratì*.

Pratì ! Cette destination sonne tout à coup à mes oreilles comme le sifflement d'un couperet. Pourquoi a-t-il fallu que je m'organise aussi mal ?

Il me faut faire un effort considérable pour chasser la tristesse que m'inspire notre séparation inéluctable et retrouver mon sourire.

Sitôt notre barda posé dans le dortoir, nous filons à la rivière, toujours aussi glacée. Nous y faisons lessive et toilette, sachant les douches du refuge alimentés par une eau guère plus chaude. Pia s'amuse de me voir accomplir mes corvées en tremblotant et quelque peu euphoriques après notre intense journée, d'un rien, nous rions de bon cœur.

- Tu as vu le regard que Benjamin m'a lancé tout à l'heure ?
- Oui, je pense que c'est parce que tu lui plais, ce qui me paraît tout à fait normal soit dit en passant !
- Il a dû se dire que tu étais déjà sur le coup !
- Tu crois ?
- Oui, toi JB, tu es un charmeur !
- Moi ! Mais non ! Qu'est-ce que tu racontes ?

Un charmeur ? Quelle idée ! Charmé, oui, ça c'est plus que probable, mais charmeur, cela reste à prouver !

Je sens Pia un peu gênée et distante tandis que nous retournons au refuge. Elle me laisse me reposer dans le dortoir et part discuter sur la terrasse, puis prend le temps d'écrire sur une des grandes tables du réfectoire. Cela lui permet de sympathiser avec une joyeuse bande de copines faisant le GR dans le sens inverse.

À trois lits des deux nôtres dans le dortoir, une jeune fille blonde relève ses yeux du livre de poche qu'elle était en train de terminer et manifeste ostensiblement l'envie de me parler. Elle a déjà marché treize jours aux côtés de son père depuis *Conca* et a très hâte de terminer le GR20 pour retourner à la civilisation. Cette drôle d'adolescente est fin prête à doubler les étapes du Nord, faisant fi de leur longueur et de leur technicité. Elle me propose gentiment de m'offrir son livre sitôt qu'elle l'aura achevé, ce qui ne tardera pas, vu qu'il n'y a de son point de vue pas grand-chose d'autre à faire dans ces endroits perdus sans wifi, ni réseau.

- Oh les rivières, les montagnes, les arbres, tout ça c'est bien beau, mais moi je rêve de revoir une bagnole !

Son père est un expert du GR20, l'ayant parcouru de long en large avec ses proches dans les deux sens depuis plus d'une dizaine d'années. Je ne peux m'empêcher de penser au plaisir que j'aurais eu à vivre cette expérience avec mon père et mon fils, que seulement quarante années séparent ! Je suis conscient néanmoins que ma solitude me rend plus disponible aux autres et qu'elle me permet de faire des choix inhérents à mes propres besoins. C'est tout à fait nouveau dans la vie que je mène depuis la naissance de mes enfants. Avoir été père si jeune crée d'ailleurs un décalage avec la plupart des autres personnes côtoyées sur le GR, car il n'est pas rare à mon âge d'être accaparé par des enfants en bas âge. Aussi suis-je un peu surpris d'entendre dans mon dos des voix et des conversations de quarantenaires après dîner. Cela tombe plutôt bien, car je sens Pia de plus en plus distante et je m'ennuie un peu à la table du groupe de ses jeunes copines. Derrière moi résonnent donc les voix d'un petit groupe de trois gars à l'humeur goguenarde, que je soupçonne à juste titre d'être légèrement éméchés.

La vue d'une bouteille de rhum cubain trônant fièrement sur leur table vient aussitôt corroborer mes supputations et je me dis qu'il faut avoir une bonne dose de culot et d'humour pour se porter un tel poids inutile sur le dos quatre jours de suite sur le sentier. Fort heureusement, le niveau de leur bouteille a déjà beaucoup baissé et à leur manière de m'accueillir parmi eux en me servant d'emblée une bonne lampée de leur nectar, je pense qu'elle ne fera pas long feu. Il y a un Fred, un Fredo et un Nico dans cette bande, l'un enseignant l'EPS, les deux autres les mathématiques, trois amis bretons inséparables buvant des coups et tapant le carton. Ils m'incorporent aussitôt dans un tarot auquel ils jouent sans trop se prendre au sérieux, ne notant pas les points, plutôt intéressés de savoir qui je suis et d'où je viens. Je me présente sommairement en évoquant mon nouveau métier et leur présente Pia que j'encourage à venir nous rejoindre. Le courant passe immédiatement entre nous cinq et nous nous bidonnons une bonne partie de la soirée. Avec ses vannes acides et une bonne part d'autodérision, Fredo est tout particulièrement impayable, le noyau dur de ce groupe d'amis depuis plus de 20 ans !

Comme l'heure tourne, nous finissons par évoquer le GR, ainsi que nous avons pris l'habitude de le faire avec les autres randonneurs, à ceci près que l'idée fixe des profs n'est pas tant de boucler l'aventure plus vite que prévu, mais d'en profiter au maximum, en y incorporant notamment la finale de la coupe du monde, qu'on ne pourrait pas voir au refuge de *Manganù* faute de réseau, mais au village de *Soccia*, lequel est tout de même situé à un bon millier de mètres de dénivelé en dessous de notre itinéraire, soit un coquet détour de presque 6 heures ! Eux ont déjà résolu le problème en ayant réservé une chambre d'hôtel, non sans s'être assurés que les propriétaires du bar attenant diffuseraient bien le match le jour J, ce qui, nous ne le saurons qu'après, est très loin d'être une condition accessoire. Très hospitaliers, nos collègues bretons nous proposent de nous faire une place dans leur chambre au cas où nous tenterions l'aventure. C'est gentil de leur part, le problème, c'est que Pia avait prévu de doubler l'étape du lendemain. En ajoutant les 4h de marche de *Soccia* à Manganù, cela ferait une journée de marche titanesque jusqu'au refuge de l'*Onda* !

Quand en baillant les profs rejoignent leur tente au dehors, Pia et moi avons du mal à dissimuler notre frustration. La finale ! La finale de la coupe du monde bon sang ! La dernière fois que la France a gagné, c'était il y a 20 ans !

Tout à nos réflexions, nous voyons entrer Laurent et Éloïse dans le réfectoire. Ils ont passé toute la sainte journée sur le sentier, à bout de nerfs et complètement éreintés par la longue descente dans les éboulis. Nous les voyons se faire servir un solide dîner par la jeune employée du refuge, qu'ils s'empressent de dévorer un rien soucieux. Ils ont randonné un long moment aux côtés d'Owen, le vieil anglais que nous avions croisé tout tremblant dans les chaînes le matin même. Bon samaritain, Laurent n'a pas pu se résoudre à le quitter des yeux, l'imaginant choir et se rompre les os à chaque pas, se disant qu'un drame ne tardera pas à arriver s'il s'obstine à persévérer seul et sans assistance sur le GR.

Le vieil homme pousse la porte grinçante du refuge quelques minutes plus tard. Même si à l'instar de Laurent, le gardien n'approuve pas son imprudence, il prend sur lui de lui offrir gîte et couvert, lui intimant de s'asseoir à table et de se restaurer dans la grande tradition de l'hospitalité Corse envers les voyageurs. Owen ne se fait pas prier et tandis qu'il mange aux côtés de Laurent et Éloïse, j'essaie d'engager la conversation dans un anglais approximatif. Owen est un fier gallois, venu faire le GR20 on ne sait trop pourquoi, mais bien décidé à le faire jusqu'au bout. Selon toute vraisemblance, quelqu'un s'occuperait de venir le récupérer à *Conca*. Comme Laurent n'est pas tellement plus doué avec la langue de Shakespeare, des zones d'ombres continueront à environner ce randonneur atypique, qui semble modeste, finalement pas si vieux, tout au plus d'une soixantaine d'années, mais à la santé branlante et les jambes flageolantes, transpirant encore en mâchant sa pitance. Je croise le regard de Pia qui s'était préparée à aller au lit et nous avait rejoint pour nous souhaiter bonne nuit. Elle semble aussi inquiète et dubitative que les frangins. Quant à moi, je ne sais trop que penser, sinon que le pays de Galles n'aurait pu trouver meilleur représentant pour illustrer l'idée que je me fais de la bravoure. Je pense alors à mon père qui se plaît à répéter depuis ma plus tendre enfance qu'il n'y a pas de qualité sans persévérance. Voyant cet homme avaler son souper en tremblant comme une feuille et demeurer digne et souriant en dépit de la désapprobation générale, je me dis qu'Owen tout téméraire qu'il puisse être, est une personne de grande qualité.

Avant d'aller me coucher, je sors mon museau sur la terrasse du refuge. Il fait nuit noire au dehors et le vent qui vient de se lever semble faire grincer les dents acérées du cirque de la solitude, trônant juste au-dessus de nos têtes. Quand je rejoins Pia dans le dortoir, elle s'est camouflée dans son duvet, la tête posée comme à son habitude à même le matelas sans coussin. Elle me regarde me coucher juste à côté d'elle les yeux mi-clos, avec un sourire amusé. Je passe ma main dans sa tignasse pour découvrir son visage que je distingue grâce au trait de lumière du réfectoire qui court sous la porte d'entrée.

- Je ne suis pas un charmeur, tu n'as rien à craindre. Je vais laisser de côté mes aventures sans intérêt. J'aimerais vivre une histoire d'amour avec quelqu'un comme toi, mais qui serait libre et qui aurait mon âge, si ce n'est pas trop demander.

Pia s'empare de ma main et la maintient sur sa joue, puis elle ferme les yeux en se rapprochant un peu.

Un bruit inopiné nous écarte l'un de l'autre en sursaut. Owen a terminé de souper et vient se coucher à son tour. Horriblement bruyant, il réveille toute la chambrée et s'étale juste à côté de Pia, qui a rouvert grand les yeux et se pelotonne encore davantage dans son duvet. Il ne faut pas plus de cinq minutes à Owen pour entrer dans un sommeil profond et ronfler comme un cornet à piston. Le père de la jeune fille avec qui j'ai conversé dans l'après-midi s'offusque de tout ce tintamarre et demande à Owen d'être plus discret. Le vieux gallois se retourne confusément et de sa voix de stentor nous adresse de volumineux « sorry, sorry », encore plus dérangeants que ses ronflements.

- On ne dormira pas cette nuit, me chuchote Pia d'un air contrit.

Au bout d'une bonne demi-heure d'un manège qui tourne au conflit, le père de la jeune fille demande carrément à Owen de quitter le dortoir. Le pauvre gallois y consent finalement et part dormir, croit-on, dans la chambre attenante.

Pia et moi sommes un peu surpris de ne plus l'entendre ronfler à travers la cloison, mais complètement épuisés, nous trouvons nous aussi à dormir, mieux vaut tard que jamais.

Samedi 14 juillet 2018
Quatrième jour

Blague à part

Le réveil est mi-figue mi-raisin. Certes nous avons plutôt bien dormi, mais en apprenant qu'Owen a fini sa nuit sur une vulgaire palette à l'extérieur du refuge, nous avons un peu de mal à avaler notre petit déjeuner. Du reste, mes vivres ont déjà baissé de façon alarmante et il me faut me contenter d'un petit bout de pas grand-chose. Je sirote ma dernière dosette de café sans mot dire, songeant à Pia qui ne s'alimente que de soupes déshydratées les trois quart du temps.

Nous quittons le refuge en même temps que Laurent et Éloïse, ne sachant trop si nous pourrons les revoir, étant entendu que nous projetons de doubler l'étape aujourd'hui.

Après une petite demi-heure de descente, nous faisons halte aux fameuses bergeries de *Ballone*, dont on nous avait tant parlé. L'endroit est plutôt à la hauteur de sa réputation : typique, soigné et accueillant. Cela me surprend encore de trouver des petites épiceries si bien achalandées dans des endroits aussi reculés. Pia y achète un fromage, qu'elle range méticuleusement dans son sac à dos. Voyant mes réserves d'espèces s'amenuiser, je me contente pour ma part d'un petit paquet de Tuc, espérant pouvoir utiliser ma carte bancaire à *Castel de Vergio*, une autre petite station de ski en bordure de route où nous escomptons faire halte en fin de journée.

Je trépignais d'impatience à l'idée de boucler l'étape d'aujourd'hui et notamment de franchir les piscines naturelles du *Golo*, ainsi que les fameuses cascades du *Radule*, que mon jeune oncle Jean-Philippe nous avait fait découvrir il y a une dizaine d'années et où nous nous plaisons à revenir assez régulièrement avec nos enfants, moyennant plus de deux heures de route depuis la *Castagniccia* pour nous y baigner.

Je vois Pia cheminer en gardant le silence, l'air absent. Je ne saurais lui en vouloir, ressentant moi-même très souvent ce besoin d'introversion. J'en profite pour méditer aussi, ralentissant le pas pour lui laisser prendre un peu d'avance, m'assurant tout de même en le regardant de loin, que le petit sac bleu désormais familier ne s'égare pas en dehors des marques du sentier.

Les hauts pins laricio semblent vouloir faire s'élever nos pensées, le chemin sans difficulté laisser toute latitude à nos esprits. Je pense à mes enfants, imaginant Lily s'émerveiller des chutes du Niagara avec mes chers parents, Maxime faire ses premiers pas dans la restauration avec la clientèle du Vieux Nice, place Rossetti, ma grand-mère arroser ses fleurs avant d'aller chez le pédicure et enfin ma petite sœur retaper sa maison. Je pense à tous ces bons moments vécus avec les miens, à mes amis, aux petits présents que le bon Dieu nous offre au quotidien. Au fond où que l'on soit, les gens qu'on aime ne sont jamais très loin.

Comme je rattrape enfin Pia arrêtée aux abords d'un torrent, elle me tend un bout de son précieux fromage de *Ballone* et m'invite à m'asseoir à côté d'elle.

- Merci Pia. Est-ce que tout va bien pour toi ce matin ?
- Oui. J'étais dans mes prières. J'ai besoin d'être un peu seule aujourd'hui.

- D'accord, je comprends. C'est une longue prière que tu viens de faire, qu'est-ce que tu demandais à Dieu ?
- Je ne demandais rien, je lui disais merci !

Elle n'en dit pas davantage, me laissant un rien dubitatif tandis que je me délecte de mes Tuc au fromage. Avec tous les changements qui se sont opérés récemment dans ma vie, je me dis que cela fait belle lurette que je n'ai pas pris le temps de Lui dire Merci, moi aussi.

Comme nous nous faisons rejoindre par un couple de jeunes flamands, nous laissons là notre coin de torrent et gravissons toujours sans mot dire une côte raide et sinueuse dominant un vallon, creusée à même la roche. Un névé précède le col, lequel est parsemé d'un maquis coloré d'hardies petites fleurs jaunes, luttant contre le vent et la soif en altitude. Elles ont pris racine on ne sait comment entre des rocailles rougeâtres que nous foulons sur un chemin de crête jusqu'au refuge *Ciotullu du i Mori.*

Il est entouré de tentes vertes façon camp de base himalayen, posé sur un promontoire couleur rouille, conçu de pierres taillées prélevées alentours, se fondant dans un décor majestueusement désolé. Une petite fontaine fraîche à l'allure recherchée nous enjoint de rompre la solitude des lieux.

Quelques rayons de soleil transpercent un rideau de nuages qui nous a providentiellement protégés des fortes chaleurs pendant notre ascension. J'enlève mon tee-shirt poisseux, m'allonge sur une dalle rocheuse et contemple le sommet *Capu Tafunatu*, étant persuadé qu'un lac repose à ses pieds. Alors que je suis sur le point de m'endormir, j'entends des gloussements sympathiques s'intensifier. Nos chers profs rencontrés la veille et sans doute partis sur le tard au matin, sont parvenus à nous rattraper.

Me voyant arborer sans gêne mon torse au soleil, ils suivent la mode et en profitent pour se rafraîchir un brin à l'eau glaciale de la source. Nico semble tout à coup très impatient de débusquer du réseau, tenant très haut son cellulaire et déambulant autour de nous tel un sourcier.

Pia qui m'a devancé sur le chemin, en a profité pour s'adresser au gardien du refuge. Je la vois nous rejoindre, l'air visiblement contrariée. Elle avait réservé un lit pour la nuit, mais cette précaution commence à ses yeux à devenir très embarrassante, car elle ne se sent plus vraiment libre de cheminer sur le GR20 à sa guise et surtout en adéquation avec ses capacités, lesquelles l'auraient déjà conduite beaucoup plus loin. D'ailleurs, je lis dans ses yeux la pleine détermination de se remettre en chemin avec nous dans l'heure qui suit. Ce ne sont pas les profs qui l'en dissuaderaient, de toutes façons, ils disposent comme moi d'une tente, et moyennant un poids somme toute supportable dans notre sac à dos, nous avons la garantie de trouver un endroit où dormir où que nous nous rendions. Ceci étant, il n'y a pas non plus pléthore de randonneurs optant pour les refuges, lesquels se retrouvent étrangement chaque nuit à moitié vides.

Pia décide donc de courir le risque de doubler l'étape et d'arriver en avance dans chacun des refuges à venir, renonçant à réclamer le remboursement de la somme versée pour demeurer à *Ciotullu du i Mori* cette nuit. Songeant à la bouillie déshydratée dont elle se nourrie si chichement depuis le début de l'aventure, une idée me vient à l'esprit :

- Je trouverais normal qu'ils t'offrent un peu de ravitaillement en compensation !
- Le gardien n'a pas l'air commode, il interdit même aux gens de passage de se servir du gaz pour cuisiner…

Sceptique, je décide d'aller m'entretenir avec lui pour négocier la chose. Je suis reçu sans un bonjour par un homme déjà en âge d'être à la retraite, dont le visage ridé par des traits bougonnant est d'une hostilité manifeste. Il m'explique sur un ton tout ce qu'il y a de plus désagréable que la nuit est perdue et qu'il se refuserait même à vendre quelque chose à quelqu'un qui ne dormirait pas au refuge, alors de là à donner gratis une barre de céréales !

Après avoir été éconduit de la sorte, j'ai grand hâte de repartir, mais voyant mes compagnons de route se lézarder au soleil, je ne peux résister à l'envie d'en profiter pour vérifier ma théorie au sujet de ce lac au pied des sommets. Comme dans le Mercantour que j'ai parcouru de long en large, un glacier ancestral a dû creuser son lit dans le sol, jusqu'à former une cuvette dont la physionomie m'est tout à fait familière. Sans sac, que j'abandonne à la surveillance de mes compagnons de voyage, je bondis plus que je ne marche sur le chemin conduisant aux cimes, constatant non sans jubilation la recrudescence de mes capacités physiques et atteint ma destination en seulement quelques enjambées.

Point de lac cependant, rien d'autre dans la cuvette qu'un amas chaotique de pierres rouges, me coupant subitement du monde. La solitude qui me happe n'a pourtant rien de terrifiant. J'inspire à fond, comme pour faire corps avec les éléments, commandant à mes naseaux de se remplir du parfum des lieux pour en imprégner mes souvenirs. Je me sens bien, presqu'en paix avec moi-même, il était temps !

Je tourne les talons après quelques minutes de contemplation et pour ne pas trop retarder la cohorte, cours aussi vite que possible pour les rejoindre.

Nico est enfin parvenu à avoir du réseau.

- J'ai eu la classe exceptionnelle, s'écrit-il en sautillant sur place comme aurait pu le faire un de ses élèves adolescents ! Vous vous rendez compte les mecs ?

Faisant tous partie de l'éducation nationale, nous savons bien que c'est une excellente nouvelle, venue couronner une première moitié de carrière exclusivement consacrée à des collèges en zone d'éducation prioritaire. Nico nous invite à fêter cela ce soir à *Castel de Vergio*, invitation que Pia et moi accueillons avec un franc sourire, songeant encore à la bonne soirée de la veille vécue avec nos chers collègues du second degré.

Nous nous remettons en route sous un soleil de plomb, approchant à grands pas de la source du *Golo*. C'est une sensation étrange qui me parcoure tandis que j'aperçois enfin les piscines naturelles du fameux torrent dans le vallon. Combien de fois allant m'y baigner ai-je voulu savoir où conduisait le sentier que je suis en train d'emprunter ? C'est un peu comme si d'un trait d'union, le GR20 faisait se rejoindre ces visions disparates que j'avais des terres profondes et montagneuses de Kallístê, la bien nommée, cette Île de Beauté inspirant logiquement à son peuple comme à ses touristes, passion et admiration.

Pia marche encore seule loin devant, sur un sentier familial descendant en lacets dans un maquis parsemé d'immortelles et il me faut presser le pas pour la rejoindre avant les premiers trous d'eau. Je m'arrête à l'un d'entre eux où j'ai coutume de me baigner avec mes enfants, une piscine ronde surmontée de rochers d'où l'on peut sauter de plusieurs mètres dans l'eau froide et profonde, environnée de dalles de granit lisses et plates. Le lieu idéal pour une baignade suivie d'une sieste au soleil.

Je suis déçu de voir Pia n'accorder que peu d'intérêt à l'endroit, ni ne manifester d'envie de baignade aujourd'hui. C'est loin d'être mon cas, aussi me propose-t-elle de me retrouver un peu plus loin, puis se hâte de se remettre en route en direction du refuge. La regardant s'éloigner sur un chemin que je sais exempt de danger, je saute pieds joints dans l'eau sous les yeux médusés d'autres randonneurs par trop frileux, venus pique-niquer au bord de la rivière. Je fais ensuite quelques brasses revigorantes, puis me laisse éclabousser par l'eau de la cascade se jetant dans la vasque, curieusement beaucoup plus chaude que celle dans laquelle je trempe jusqu'au cou. Allant me faire sécher sur les pierres juste au-dessus, j'exhume ensuite les dernières vivres de mon sac à dos et me contente misérablement de deux boîtes de sardines à la sauce tomate dont je fais un festin, sauçant chaque molécule de graisse à l'aide des miettes de pain de mie ayant miraculeusement survécu au fond de leur sachet plastique. M'étant délecté de la chose sans couverts, c'est la barbe pleine des restes écœurant de mon repas frugal que j'accueille les copains profs qui me talonnaient depuis *i Mori*.

Mon coin de rivière a beaucoup plus de succès auprès d'eux et Fred se déshabille sans perdre une seconde, se jetant à l'eau le premier sans hésiter. Les deux matheux sont moins téméraires et il ne faut pas moins de dix bonnes minutes à Fredo pour qu'il s'immerge jusqu'au bassin. Nico quant à lui n'aurait pas fait honneur à la classe exceptionnelle s'il ne s'était pas jeté à l'eau à son tour. Il se fend de quelques brasses en retenant sa respiration, puis ressort de la vasque en grelottant. Nous nous retrouvons tous quatre sur les dalles chaudes pour sécher au soleil, nous délectant de quelques minutes de repos dans le calme apaisant de la rivière.

Il y a une belle camaraderie entre ces trois copains, une complicité de longue date qui ne les freine en rien à sympathiser avec moi. Ils m'intègrent à leurs conversations en toute simplicité, curieux de connaître mon parcours, ainsi que les composantes de mon petit quotidien sur Nice avec mon fils, déjà si grand par rapport à leurs propres enfants. Eux sont inséparables dans leur fief en Bretagne et Fredo ne semble pas à court d'idées pour organiser des programmes ludiques et originaux pour les petits comme pour les grands de leur tribu. Du simple barbecue dans le jardin au triathlon familial organisé autour de la maison avec des moyens de fortune, toutes les occasions sont bonnes pour être ensemble.

Nous marchons d'un bon pas jusqu'à la passerelle

surmontant les cascades du *Radule*, que nous ne verrons finalement que de loin briller de leurs reflets turquoises. Les copains n'ont guère mangé que des fruits confits et commencent à avoir faim, quant à moi j'ai hâte de retrouver Pia, qui a au moins trois bon quart d'heure d'avance sur nous. Faisant mine de chercher des victuailles dans les bergeries que nous croisons sur le chemin, je m'assure qu'elle ne s'y est pas arrêtée pour la nuit.

Le GR20 nous conduit ensuite dans une forêt dense où coexistent plusieurs sentiers. Lanternes rouges, Fred et moi nous égarons à deux reprises sur d'autres itinéraires traversants, ce qui me laisse craindre que Pia ait fait de même et marche à cet instant dans une mauvaise direction.

C'est à une cadence assez soutenue que nous bouclons notre étape et nous aboutissons finalement à une route bitumée qui descend jusqu'à l'hôtel *Castel de Vergio*, situé à 1400m d'altitude, en face d'une petite station de ski à l'abandon, au carrefour des forêts d'*Aïtone* et de *Valduniellu*.

Nous nous adressons à la réception qui nous indique

que le refuge se trouve en contre-bas. Tandis que le maître d'hôtel consigne nos noms sur un calepin, je n'ose lui demander si Pia s'est déjà présentée à lui, pourtant la question me brûle les lèvres, aussi je regarde discrètement par-dessus son épaule, mais ne distingue pas son nom parmi celui des autres randonneurs.

Nous longeons ensuite l'hôtel jusqu'à une pelouse meublée de tables de pique-nique abritées par des parasols. Elle y a posé son petit carnet...

De trois quart tournée vers moi, Pia me regarde approcher tout sourire, les joues rougies par le soleil, plutôt fière d'avoir doublé l'étape aujourd'hui, quasiment seule et sans accroc. Cachant ma joie et mon soulagement de la retrouver saine et sauve, je lui présente sobrement ma main droite pour qu'elle la tape en signe de victoire.

- Il y a plein de trucs à l'épicerie d'en face, me dit-elle ravie et tu devrais te dépêcher de prendre un lit au refuge. Moi, je suis dans la chambre 53.

Laissant choir mon sac dans l'herbe, je m'empresse

de retourner à l'hôtel où je réserve un lit et deux petits déjeuners, puis m'arrange pour régler en carte bancaire deux pleins sacs de victuailles à l'épicerie, dont de délicieuses bananes séchées repoussantes de prime abord et un berlingot de lait concentré sucré dont je me régale sur de grosses tartines de pain de mie, le tout arrosé d'une bonne bière *Pietra* saveur châtaigne ! J'engloutis le tout devant le regard amusé de Pia que j'accompagne ensuite dans le dortoir pour y poser mes affaires.

Après une toilette soignée sous une douche d'eau bien chaude, nous nous installons tous deux côte-à-côte pour consigner nos souvenirs de voyage, mais sommes vite interrompus par d'autres randonneurs qui nous sont inconnus, venant sans doute dans l'autre sens ou du *Mare a Mare* croisant le GR20 à cet endroit. Leurs allers-et-venus intempestifs nous font assez vite abandonner nos plumes, au profit de plus basses besognes, comme celle de laver nos vêtements au lavabo commun situé à l'extérieur.

Les copains se sont installés à une table autour de leur bouteille de rhum et ils nous invitent à venir prendre un apéro digne de ce nom à leurs côtés. La précieuse bouteille cubaine rend l'âme en l'honneur de la classe exceptionnelle, dans une bonne humeur très contagieuse. Nous nous régalons ensuite d'un bon plat de pâtes à la bolognaise, qu'en fin connaisseur, Nico cuisine d'une main de maître. Je profite de ce moment convivial pour distiller quelques blagues corses, qui obtiennent un certain succès.

Les frangins nous rejoignent comme à leur habitude à la tombée de la nuit tout sourire. Portée par Laurent dont la patience ne s'est pas émoussée le moins du monde, Eloïse est parvenue à doubler l'étape elle aussi. Le visage cramoisi par le soleil, le regard fier et déterminé, elle commence à croire en ses chances d'atteindre le bout du chemin.

Tandis que nous faisons notre vaisselle, Pia et moi évoquons encore le problème que nous pose la finale de la coupe du monde, dont l'attrait évident se télescope avec notre progression sur le GR20. Si les profs partent à l'aube pour faire halte à *Soccia* et que nous doublons l'étape après le refuge de

Manganù, nous ne reverrons plus cette joyeuse bande de copains, avec qui il faisait si bon rigoler. Fredo est tout particulièrement déçu que nous ne puissions pas nous joindre à eux, bien conscient cependant que pour moi le temps presse et que je risque de devoir renoncer au sud si je m'attarde trop en chemin. Nous échangeons nos contacts et regagnons nos lits avec un sentiment d'amertume. Qui sait si nous nous reverrons un jour ?

Pia semble s'être endormie comme à son habitude, la tête posée à même le matelas de son lit. Je ne saurais dire si elle a déjà trouvé le sommeil, l'obscurité du dortoir m'interdisant de savoir si ses yeux se sont déjà fermés. À quoi pense-t-elle en ce moment même ? Est-elle en train de rêver ? Moi, je pense à ce que nous avions convenu ensemble. Quatre jours ! Quatre jours seulement nous séparent du refuge Pratì !

Dimanche 15 juillet 2018
Cinquième jour

Une prière

Le réveil très matinal des autres randonneurs peu précautionneux de la chambre 53 arrache à Pia une grimace, que j'entrevois à la lumière éblouissante des sanitaires, car personne ne semble décidé à l'éteindre, ou du moins à laisser la porte close. Pour lui permettre de dormir encore un peu, je m'empare de mes affaires jonchant le sol à pas feutrés, puis m'attèle non sans mal sur le perron à caser toutes mes nouvelles victuailles dans mon sac à dos, prenant soin de placer mes bananes séchées à un endroit aisément accessible.

Hier, Pia était un peu embarrassée que je l'invite à prendre le petit déjeuner à l'hôtel, lequel n'est d'ailleurs servi qu'à partir de 7h et va nous faire prendre un retard conséquent. Belle consolation cependant, le menu prometteur s'avère être à la hauteur de nos appétits. Tartines et viennoiseries rendent peu à peu à Pia son sourire, de même que le salut amical des frangins attablés au fond du restaurant et qui manifestement prennent tout leur temps, se taillant toujours la part du lion. C'est une autre façon d'aborder le GR20, en savourant les moments, sans se presser de trop, une autre façon d'aborder la vie aussi, qu'on laisse parfois filer sans l'apprécier à sa juste valeur.

Bâtons en main, Pia s'élance la première sur le chemin, le nez pointé vers le ciel, la tête légèrement inclinée et les yeux mi-clos, se délectant des premiers rayons de soleil.

Lorsque nous atteignons le panneau en bois nous indiquant notre destination, elle m'interpelle sur un ton neutre :

- C'est dimanche, mais nous ne trouverons pas d'église ici. Est-ce que tu veux bien prier avec moi tout en marchant ?

Je n'ai jamais reçu pareille invitation. Les chrétiens que je côtoie habituellement sont plutôt au crépuscule de leur vie, la plupart de mes amis ne sont pas croyants et ma foi souvent m'a mis à l'écart des autres ou fait de moi une curiosité que d'aucuns seraient même enclins à moquer.

Pia est si loin de tout ça ! Elle entame à voix haute un chapelet. Le premier Pater m'interpelle, elle vouvoie le bon Dieu ! Point de distance pourtant dans la forme et dans le ton de cette prière, laquelle semble sortir du cœur même de cette jeune femme stupéfiante, emplie de grâce et d'humilité.

À l'approche du premier mystère glorieux, une sueur froide me parcourt l'échine. Pia continue de psalmodier juste devant et moi de la suivre en songeant à toutes ces nuits où j'ai sombré dans le sommeil sans le Christ, tous ces dimanches sans Eucharistie, toutes ces fois où j'ai fermé ostensiblement mon esprit, empêché par le doute et le péché.

Sur un chemin descendant en pente douce dans la forêt, les dix « Je vous salue Marie » font affluer mes souvenirs. J'entre dans la semi pénombre des bois comme dans les fanges de mon passé, à la rencontre de vieux amis qui semblent ressurgir subitement au détour du sentier.

Deuxième mystère.

À l'instar des arbres plaqués au sol qui nous entourent, ayant poussé à l'horizontale dans le sens du vent, j'ai laissé ma foi s'amenuiser comme la flammèche d'une bougie fin prête à s'éteindre. Cette prière la ravive si brusquement, que mon corps en frémis. Pourquoi suis-je resté si longtemps seul dans mon coin, si éloigné de l'Eglise ?

Comme nous entonnons un « Gloire au Père », mon cœur s'ouvre et mes yeux laissent échapper de lourdes larmes perlant à flots sur mes joues. Pia s'interrompt, se retourne et perçoit mon trouble, sans trop comprendre ce qui le cause. Elle s'approche de moi, écarte mes mains de mon visage et y pose les siennes pour tenter de faire cesser mes pleurs.

- Qu'est-ce qui ne va pas ? Me demande-t-elle en plissant les yeux.
- Je me sens si seul dans ma foi, si seul dans ma vie ! Certains soirs, il y a des prières que j'ouvrais d'un signe de croix et que je ne refermais pas, demandant à Jésus qu'il me protège et reste auprès

de moi. J'ai l'impression de m'être perdu ces derniers temps...

- Pour moi c'est plus facile, je suis entourée de personnes ferventes depuis que je suis née. Tu devrais aller à la rencontre des autres chrétiens !

Pia se blottit contre moi, la tête posée contre ma poitrine, sous laquelle mon cœur s'emballe, battant à tout rompre.

- J'arrête le chapelet si tu veux, me propose-t-elle le regard interrogateur.
- Surtout pas !

Dernier mystère.

Notre psalmodie reprend au rythme cadencé de nos pas et nous achevons le rosaire au sortir de la forêt.

Je propose à Pia que nous lisions l'Évangile du jour dès lors que le réseau nous permettra de le télécharger. Une fois rallumé, mon téléphone m'alerte qu'une connexion est possible à l'orée d'une clairière. Je découvre éberlué l'Évangile selon Saint Marc (6, 7-13), celui dans lequel Jésus envoie ses disciples sur les routes en mission, munis de presque rien, sinon d'un bâton et d'une simple paire de sandales. Il leur recommande d'être deux, de former une communauté pour annoncer la bonne nouvelle.

L'Eglise telle que le Christ la concevait m'apparaît tout à coup en pleine lumière. Nul besoin de faste ou de grandiloquence pour rendre grâce à Dieu. La ferveur de deux croyants dans le plus simple dénuement est suffisante.

L'ascension menant à *Bocca San Pedru* nous fait atteindre un oratoire où trône une statue d'un saint tenant des chaînes dans sa main droite. Je crois d'abord à tort qu'il s'agit de saint Léonard, mais cette représentation insolite m'interpelle au point de me conduire à diligenter une enquête sur internet. Ces chaînes sont celles de saint Pierre, qu'un ange aurait brisé, libérant ainsi le chef des Apôtres de la prison dans laquelle Hérode Agrippa l'avait jeté dans l'attente de son oblation au peuple juif.

Pia s'est échappée dans la montée pendant mes investigations. À l'instar de celui sur lequel le Christ a bâti son Assemblée, je me sens tout à coup libéré de mes propres entraves. Qui d'autre qu'un ange aurait pu m'en défaire ?

C'est au point culminant de notre randonnée que nous nous retrouvons, après avoir marché quelque temps sur un chemin muletier. J'arrive le premier en vue du lac de Nino, que je contemple avec émerveillement et trouvant un coin d'ombre sous un chêne, j'installe à la va-vite un campement de fortune pour m'étendre et casser la croûte.

Pia qui s'était arrêtée un moment me rejoint puis me dépasse sans se retourner. La voyant descendre assez vite aux abords du lac, j'en déduis qu'elle veut rester un peu seule sur ce tronçon de l'étape. La fréquentation du site atténuant ma crainte qu'elle puisse s'égarer, je m'endors sans trainer dans la fraîcheur d'un chêne.

Je ne saurais dire combien de temps ma sieste a duré, mais quand je sors de ma torpeur, l'essaim de randonneurs qui déambulaient autour du lac s'est dissipé. Ressemblant à la hâte mes affaires, je me remets en route et emprunte un sentier sur la rive gauche conduisant à une source où je fais le plein d'eau fraîche.

Je franchis ensuite des petits puits de rivière laissés par d'anciens glaciers millénaires lézardant les pozzines, de l'herbe tendre, où il est si agréable de poser pieds et sabots. C'est du moins ce que la présence hypnotique d'un troupeau corse de chevaux sauvages me laisse entrevoir. Fiers comme des coqs, ils tiennent leur position comme des purs sangs de cavalerie, bien décidés à ne céder aucun espace du cher pâturage dont ils délectent. Stoïques, ils me regardent les contourner les yeux grands ouverts, ne manifestant finalement aucune animosité. M'est avis que leur comportement aurait pu être plus belliqueux si d'aventure je les avais forcés à se pousser pour prendre leur place et souillé leur herbe en la foulant au pied…

Comme une fourmi précautionneuse suivant la trace de ses congénères, je m'empresse de rejoindre le GR20 consécutivement à ce contournement, lequel me conduit à une bergerie où plusieurs panneaux indiquent que ceux qui souhaiteraient devenir acquéreur d'un fromage ou d'un pot de confiture seraient reçus avec les égards. Je n'y vois d'emblée aucune raison de m'en plaindre, mais l'étape du jour est déjà assez longue et l'accès imposé à la bergerie nous fait faire un large détour.

Tandis que je peste contre ce zèle publicitaire, je vois de loin Pia qui s'engage dans le même guet-apens ! Sans vouloir contrarier sa soif de solitude, je me permets tout de même de lui faire un signe pour qu'elle coupe la prairie et s'épargne le bout de chemin inutile.

- Ah mais tu es là ! S'écrie-t-elle en me rejoignant. Je t'ai cherché partout au bord du lac ! Les autres ne t'avais pas vu descendre !

Je trouve un peu dommage que Pia ait perdu son temps à me chercher partout tandis que je dormais à poings fermés ; ceci étant, au fond je suis ravi qu'elle se soit souciée de moi de la sorte.

- Je pensais que tu voulais que je te laisse tranquille ! On termine l'étape ensemble si tu veux !

Elle opine de la tête en arborant un sourire radieux qui m'emplit d'allégresse. Nous reprenons donc notre randonnée côte-à-côte sur un sentier des plus agréables, descendant lentement dans une forêt de hêtres jusqu'aux bergeries de *Vaccaghja*.

Il est à peine midi lorsque nous distinguons le refuge de *Manganù*, brillant dans un écrin boisé au bout d'une vaste prairie. Le chemin qui creuse un large sillon dans les dernières pozzines ne présente à vue de nez aucune difficulté particulière et cela devrait épargner nos forces. Après avoir photographié le paysage et tandis que je m'apprête à ranger mon téléphone dans la poche ventrale de mon sac à dos, je repense à un SMS de Maxime reçu ce matin, dans lequel il m'encourage à trouver une télé avant le soir. Songeant tout à coup que la finale de la coupe du monde va se jouer en Russie, il me vient une idée.

- Dis Pia, à quelle heure est le match de ce soir ?

- On m'a dit que le coup d'envoi était à 17h.

- Et *Soccia* est à combien d'heure de marche de *Manganù* ?

- 2h à l'aller et 4h au retour, mille mètres de dénivelé positif. Tu penses que…

- Mais oui ! Avec un sac presque vide et une torche bien chargée, je pourrais remonter au refuge après le match. Cela me ferait rentrer vers 23h. Je pourrais dormir à

Manganù cette nuit et doubler l'étape de demain comme prévu.

Je vois les pupilles de Pia se dilater subrepticement à mesure que mon idée fait son chemin dans son esprit.

- Tu te sentirais de m'accompagner ?

Mon amie semble tout à coup circonspecte, je l'imagine comme moi en train de jauger les ressources physiques dont elle dispose encore après l'étape du jour. Faire ce détour au fond n'est pas plus fou que doubler une étape. Qui plus est nous aurions deux bonnes heures devant nous pour déjeuner et nous reposer au bord de la rivière avant de repartir.

- Et on reverrait les copains !

Ce dernier argument semble faire mouche. Pia me dit qu'elle prendra sa décision au refuge, mais elle se remet en route aussitôt en forçant le pas. Moi j'arbore un vaillant sourire, pour les bleus ce soir, j'irai trouver ma télé à *Soccia* !

Champions du monde !

Je m'empare à la hâte de mon sac à dos, puis fais un long pas pour m'engager dans la descente. Un caillou saillant assassin vient alors se jucher on ne sait comment entre les deux petits orteils de mon pied droit, transperçant à travers ma semelle deux épaisses cloques dont j'ignorais totalement l'existence.

Pia m'entend pester contre ma propre maladresse et se retourne pour s'assurer que je vais bien. Elle me voit boiter et grimacer pour la rejoindre, comprend aussitôt que c'est un de mes pieds qui me fait souffrir et me propose spontanément de m'offrir quelques-uns de ses pansements. Je la rassure et les refuse, non sans orgueil, ni sans bêtise, croyant les miens amplement suffisants. Je l'encourage à prendre de l'avance et entreprends d'examiner ma blessure.

Un morceau assez conséquent de la peau de mes deux petits orteils reste collé à ma chaussette et quand je soulève mon pied pour les inspecter, je discerne en dessous deux plaies sanguinolentes qui font peine à voir.

J'entreprends de les désinfecter en faisant couler un filet d'eau du goulot de mes bouteilles, non sans me mordre la lèvre inférieure pour étouffer un cri, puis après avoir laissé un moment sécher l'ensemble, dispose grossièrement deux pansements tout autour.

Remettre ma chaussure après cela est un supplice, reposer le pied par terre et remarcher ensuite, le début d'un martyr...

Lorsque je relève enfin les yeux, Pia n'est déjà plus qu'un point à peine visible à l'horizon, s'apprêtant à affronter la dernière montée dans le petit bois environnant le refuge de *Manganù*.

Quant à moi, me voilà contraint de marcher sur les talons et cela rend ma progression fatalement plus lente qu'à l'accoutumée.

Ce qui devait-être une petite promenade de santé dans la prairie, revêt finalement des allures de calvaire, mais comme la douleur a tendance à s'atténuer à mesure que je progresse, cela me rend espoir d'être en mesure d'affronter comme prévu la descente de *Soccia*.

Mon arrivée à *Manganù* sous les regards interrogateurs

de Pia se veut donc rassurante et c'est d'un pas faussement tranquille que je la rejoins sur la terrasse du refuge.

- Je crois qu'ils ont une télé ici, me dit-elle perplexe, mais aucune connexion. De toute façon le gardien du refuge est pour la Croatie et il ne tient pas spécialement à voir le match !

Les bras m'en tombent ! Je savais certains corses assez fâchés avec le continent, mais de là à supporter la Croatie !

- Donc si tu es toujours d'accord pour m'amener avec toi, je suis partante !

Hum… Depuis le choc physique que la première journée sur le GR20 a fait subir à mon organisme, j'ai respecté les étapes, marchant tout à mon aise aux côtés de Pia. Ceci étant, cette jeune femme épatante avance d'un très bon pas et je me demande si je vais pouvoir me faire violence au point de suivre son rythme en dépit de mes douleurs plantaires. D'ailleurs, je ne suis pas sans savoir qu'il sera totalement exclu de traîner dans l'ascension du retour, car nos torches ne pourront nous éclairer qu'une heure ou deux dans la nuit noire et il serait tout de même embêtant de mettre un pied dans le vide à flanc de coteau d'une falaise.

Après nous être restaurés sur la terrasse du refuge, nous nous délestons de nos affaires inutiles sur les lits qui nous ont été attribués, puis fanfaronnons un brin devant les autres randonneurs français, ventant l'audace de l'aventure que nous allons tenter. Nos compatriotes nous regardent d'un air tout à la fois perplexe et admiratif. J'avoue que j'aurais été rassuré qu'un petit groupe nous accompagne, mais personne ne manifeste la plus petite envie de se joindre à nous en dépit de l'enjeu.

Comme à notre habitude, Pia et moi partons ensuite à la recherche d'un coin de rivière pour y faire notre lessive et nous délasser un peu. Soucieux de récupérer des forces, nous nous contentons d'une vulgaire flaque ayant trouvé son lit dans un coin de maquis, à une centaine de mètres du refuge. Pia s'allonge sur une pierre et somnole à moitié, tandis que je fais de la flaque une baignoire pour pratiquer une ablution sommaire, ainsi que l'aurait fait mon saint homonyme ! L'eau n'est d'ailleurs pas si chaude et je sens que mon linge et mes pieds vont requérir toute mon attention.

Ma jeune amie jette un œil circonspect aux soins que je me prodigue et me propose son aide pour la deuxième fois avec insistance. Pas question de lui laisser entrevoir le piteux état de mes plaies ! Elle y verrait sans nul doute une raison valable de renoncer à notre périple et il n'est pas question qu'elle s'en prive par ma faute. J'empaquette mes orteils dans de nouveaux pansements, puis me rechausse en serrant les lacets à fond. La douleur semble être jugulée par l'effet conjugué de l'eau froide et de cette opération sommaire, ce qui me permet de me redresser fièrement, puis de trotter avec entrain jusqu'à la source où Pia m'attend, bouteilles en mains.

Nous faisons ensemble une dernière check-list du matériel indispensable que j'exige de porter seul dans mon sac à dos. Légers comme le vent, nous dévalons le sentier et bifurquons assez vite sur la gauche, suivant des balises jaunes qui nous font rencontrer un couple parti de *Soccia* il y a plus de quatre heures. Sans carte ni connexion internet, c'est une information précieuse et nous ne perdons pas l'occasion de nous faire montrer où serpente ensuite notre itinéraire.

Je suis un peu inquiet de constater qu'il nous faudra marcher sur un piton rocheux, mais sitôt que nous le foulons aux pieds sur un large passage assez bien entretenu, il ne me paraît pas si dangereux, nonobstant l'éventualité de n'y voir goutte quand nous l'emprunterons au retour.

La rivière qui coule dans le vallon brille d'un éclat particulier et tandis que le débit augmente à mesure que nous descendons, je soupçonne à juste titre l'endroit d'être prisé par des canyonneurs.

Le chemin nous fait franchir le torrent et nous conduit dans un sous-bois rafraîchissant qui le domine, au point de nous faire douter que nous marchons toujours dans la bonne direction.

Mes yeux imprègnent mon souvenir de chaque circonvolution, chaque virage et autres subtilités remarquables du sentier à l'instar d'un scanner, imaginant les lieux dans une pénombre impénétrable, qui plus est sous les épais feuillages des arbres.

Qu'en est-il de de la Lune à propos ? Une recherche rapide sur mon téléphone me fait perdre espoir que nous puissions éventuellement parachever notre expédition à la lumière d'un croissant, lequel ne sera tout au plus qu'un arc à peine visible si le temps reste clair.

Soucieux de conserver mes réserves de batterie, j'éteins mon téléphone aussitôt après avoir réalisé cet aléa, me demandant tout de même s'il ne serait pas plus raisonnable de passer la nuit avec les copains à l'hôtel de *Soccia.*

Quand on sait devoir gravir au retour une pente que l'on se contente de descendre à l'aller, on se l'imagine toujours plus ardue et plus longue qu'elle ne l'est réellement et les deux heures de marche qui nous séparent du village me semblent interminables.

Sortant d'une futaie de pins laricios, nous nous laissons surprendre par le lac de *Creno*, qui a l'insolite particularité d'être boisé, recouvert de nénuphars et d'où affleurent sur certains bords des plantes carnivores protégées du fait de leur rareté. La présence de ce lac singulier nous fait rencontrer d'autres randonneurs pauvrement équipés, annonciateurs de la présence rassurante d'une route carrossable à proximité.

Il y a comme un air de poésie qui nous environne tandis que nous cheminons sur les berges et la beauté tranquille des lieux nous ferait presqu'oublier le compte à rebours du coup d'envoi. Une balise jaune nous remet néanmoins sur les rails, nous faisant obliquer vers une pente plus descendante en lacets. Nous y croisons pléthore de randonneurs du dimanche et quelques veinards se déplaçant ravis à dos de Mulet. Les ondes émeraude du canyon de *Zoicu* m'hypnotisent au point de me faire perdre le nord. Sans carte ni GPS, je n'ai pas la plus petite idée de l'endroit où nous nous trouvons et j'éprouve le besoin de redemander ma route à deux reprises aux gens que nous croisons pour trouver à me rasséréner.

Nous apercevons enfin une plateforme surmontée d'une modeste bâtisse entourée de voitures, encore si loin ! Mon Dieu, la remontée va être sévère et si près du but désormais, plus question de reculer !

On trotterait presque dans la descente, se voyant déjà tomber dans les bras des copains qui sont à cent lieues d'imaginer la folie que l'on vient de tenter pour la finale et surtout pour le plaisir de les revoir tous les trois une dernière fois !

En arrivant enfin sur l'aire de *Croce Maio* qu'on distinguait de loin, nous réalisons qu'il ne s'agit que d'une aire de retournement où s'est installée une paillote de montagne. Le village hélas, est encore à 3 ou 4 kilomètres bien en dessous !

- Dis Pia, je crois qu'on va s'arrêter là et boire notre première pression. Il y a bien quelqu'un qui acceptera de nous descendre en voiture au village avant le coup d'envoi !

Nous n'avons pas à chercher très longtemps. Comme le snack ne reçoit pas la télé, un client au sourire douteux agite ses longues dreadlocks pour nous faire savoir qu'il comptait redescendre et consent à nous prendre à son bord. Pour être honnête, j'en veux alors un peu à ma fainéantise, car si le véhicule de ce brave hippie est aussi bien entretenu que ses dents, je ne donne pas cher de nos vies. Le regard vitreux qu'il me lance en sifflant d'un trait sa pinte n'est pas non plus de nature à me rassurer. Quel malheur ! Si les consommations sont effectivement moins chères dans ce parking perdu au milieu de nulle part, il y a tout lieu de penser que notre bon samaritain en a profité pour s'hydrater tout son soûl avant de redescendre !

C'est effectivement déjà bien alcoolisé qu'il regagne sa fourgonnette aux côtés d'un ami à l'allure non moins rassurante. Ils viennent tous deux d'Allemagne et ont débarqué en Corse il y a peu, pour des raisons qui nous semblent encore un peu obscures à ce stade. Le stade, parlons-en ! L'heure a tourné et les joueurs de l'équipe de France s'apprêtent à marcher sur la pelouse moscovite de *Loujniki* !

Ou bien l'alcool n'a qu'un effet relatif sur notre généreux bienfaiteur, ou bien l'habit ne faisant pas le moine, j'ai été mauvaise langue, car nous atteignons *Soccia* sans encombre. Nous serions d'ailleurs bien mal avisés de nous plaindre, car il nous propose fort sympathiquement de nous remonter à la fin du match, nous faisant cadeau d'une bonne heure de marche à un moment de la soirée où de toute manière, lui comme nous ne serons plus des modèles de sobriété.

Les hôtels ne courant pas les rues dans le village, nous retrouvons aisément la trace de nos trois comparses, lesquels trônent bière à la main au fond du bar, les yeux vissés sur la télévision, de peur peut-être que le patron ne se ravise et l'éteigne, des fois que les français auraient la mauvaise idée de prendre l'avantage ! Pia m'a devancé, elle entre comme si de rien n'était dans le bar pour aller à leur rencontre et moi derrière de crier à la cantonade :

- Allez les bleus !

Ce n'est pas du goût de tout le monde et le patron me lance un regard de biais, nos amis bretons en revanche s'arrachent à leurs chaises comme un seul homme et se ruent sur nous en levant haut les bras !

- Quand j'ai vu Pia, s'écrie Fredo, je me suis demandé si je ne rêvais pas ! Quand je t'ai vu toi JB, là je me suis dit…. Non ! C'est pas vrai ! Ils l'ont fait !
- Qu'est-ce que vous faites cette nuit, nous demande Nico ? Vous dormez ici avec nous ?
- Non, lui répond Pia, on va remonter à *Manganù* après le match pour essayer de doubler l'étape de demain.
- Vous êtes malades ! Je n'en reviens pas de vous voir ici tous les deux, s'exclame Fred ! Le match va

bientôt commencer, allez, venez vous asseoir, on vous offre une pinte !

Avant de prendre place avec eux au fond du bar, je m'esquive un moment aux toilettes pour me rafraîchir et envoyer un texto à Maxime, lui annonçant fièrement que je serai effectivement devant une télé pour la finale. Il ne me répond pas et je l'imagine dans la cohue survoltée de la fan zone place *Masséna*. Cette idée me met du baume au cœur et quand je sors des toilettes, j'harangue les autres clients du bar qui ont afflué à l'approche du coup d'envoi :

- Alors les amis, qui veut voir gagner la France ce soir ?

Silence dans la salle.

Non loin de Pia et des profs, le petit doigt d'un sexagénaire accoudé au comptoir se lève timidement au nez et à la barbe d'une rangée de corses assis au premier rang, lesquels me dévisagent les sourcils froncés et la lèvre hostile, me faisant bien comprendre que leur île n'est pas un terrain conquis !

Je vais me rasseoir et m'apprête à entonner la

marseillaise, la voix chevrotante, me figurant tout à coup grossir les rangs de ces vaillants maquisards, bravant les foudres de l'adversaire pour l'amour de la patrie ! J'ai cru entendre Fred la murmurer entre deux rasades de bière et essaie de lancer un : « allez les Bleus ! » quand le sifflet retentit, mais mon chant fait choux blanc...

Penaud, je prends place assise juste à côté de Pia qui me regarde avec des étoiles dans les yeux, les joues quelque peu rougies par la marche, l'émotion et les pressions qui coulent à flot, chaque petite réussite footballistique de nos chers joueurs étant prétexte à de nouvelles tournées.

Le coup franc plongeant d'Antoine Griezmann à la dix-huitième minute de jeu déclenche une explosion de joie au fond du bar, ainsi qu'une soupe à la grimace au premier rang. Les langues tricolores se délient et rameutent quelques touristes de passage, lesquels viennent grossir nos rangs. Notre euphorie est cependant de courte durée. Dix minutes plus tard, Perisic efface Kanté, puis trompe Lloris d'une frappe croisée ! Ce sont alors les corses qui exultent, insistant sur le fait que c'est un but digne de ce nom que les croates viennent de marquer. Ironie du sort, c'est la main baladeuse du buteur croate dans la surface qui nous permet de reprendre l'avantage sur pénalty !

Au moment de la pause, les forces en présence dans le bar se sont équilibrées et l'avantage des bleus conduit même certains autochtones à aller se coucher. Notre petit groupe de randonneurs est survolté, d'autant plus que l'équipe de France entame la deuxième mi-temps sur les chapeaux de roues ! Lorsque Pogba frappe à deux reprises et marque un troisième but à la cinquante-neuvième minute, le bar explose à l'unisson et les joues des clients de se voir recouvrir de maquillage aux couleurs du drapeau. Bons joueurs, certains corses se laisseraient même aller à sourire, du moins cessent leurs réprobations face à la clameur des continentaux, qui se massent toujours plus nombreux à l'entrée du bar pour assister au triomphe. Frappe rasante d'M'Happé et quatrième but ! La messe est dite ! En dépit du sursaut croate à la soixantaine-neuvième minute, plus rien n'empêchera les bleus de s'emparer du Graal ! La bière coule à flot, ce qui est tout de même de nature à rendre le sourire au patron du bar et la liesse des touristes français de faire vibrer les ruelles pittoresques du village de *Soccia* encore une bonne heure après le coup de sifflet final !

Comme le crépuscule se rappelle à mon bon souvenir et que notre chauffeur manifeste son désir de reprendre la route, je fais signe à Pia que l'heure est venue de repartir. Nous hésitons tous deux à dormir à l'hôtel avec les profs, lesquels ne sont pas à court d'arguments pour nous convaincre de demeurer auprès d'eux, mais notre détermination à parachever notre aventure a raison de leur insistance. Nous nous tombons dans les bras une dernière fois, nous jurant de garder contact et de nous revoir quoiqu'il advienne, avant longtemps.

Il y a comme un air de mélancolie qui nous environne tandis que nous reprenons place dans le carrosse de notre précieux chauffeur hippie. Après avoir fait un détour pour déposer son acolyte à son camping-car, il nous en dit un peu plus sur lui. C'est une rupture amoureuse qui l'a conduit à prendre la route au début de l'été et quoi de plus salutaire qu'un road trip dans l'Ile de Beauté pour apaiser son chagrin ? Quand nous le quittons sur le parking où nous l'avions rencontré trois heures auparavant, il nous adresse un salut amical empreint de tendresse, croyant sans nul doute que Pia et moi formons un couple uni.

Nous ne faisons rien pour le convaincre du contraire et rions aux éclats tandis que les phares de sa camionnette disparaissent de notre champ de vision. La raison embrumée par l'alcool, frémissant encore de l'ivresse de la victoire, je m'empare d'elle à la lisière du chemin de *Manganù* et la pose délicatement sur une souche d'arbre qui lui tient lieu de siège. Du maquillage tricolore sur les joues, les cheveux en bataille, si simplement vêtue de sa tenue de randonneuse, le nez froncé un peu hautain éclatant de jeunesse, Pia est belle à croquer. Je plonge mon regard dans le sien et mettrait ma main à couper qu'il brille davantage qu'à l'accoutumée. Les bruits environnants cessent tandis que je pose mes mains sur ses hanches, la forêt tout entière semblant retenir sa respiration. Mon cœur martèle ma poitrine comme pour m'enjoindre à lui voler un baiser, quand tout le reste de mon être m'intime de la respecter. Cette indécision laisse tout loisir à Pia de se dérober. D'un bond elle se remet en route, puis m'encourage à la suivre sans plus attendre, me faisant remarquer que la lumière du jour a déjà amorcé son inexorable déclin.

Elle a raison car il y a urgence. Même en nous hâtant dans l'ascension, je sais fort bien que nous ne serons pas arrivés à bon port avant minuit. Tandis que nous entrons dans les bois que j'imagine peuplés de belliqueux sangliers, la perspective d'attendre le lever du jour au pied d'un arbre n'est pas de nature à ralentir mon pas. Si au moins je m'étais alourdi du petit kilo de ma tente, si au moins j'avais pensé à nous réapprovisionner en eau !

L'eau ! Quelle erreur ! Nos bouteilles sont presque vides, car je n'ai pas eu la présence d'esprit de les faire remplir au bar avant de repartir ! L'alcool que nous avons consommé ne suffira pas à garantir l'hydratation de nos organismes, si d'aventure nous nous perdions dans la forêt et errions jusqu'au matin ! Par chance, j'identifie le son familier du filet d'eau d'une source après seulement vingt petites minutes de marche. Je n'ai pas le temps de prévenir Pia de mon intention de m'y arrêter, car elle file comme l'éclair au-devant et disparaît presqu'aussitôt au détour du sentier. Remplir mes deux bouteilles au misérable débit de cette source sauvage me prend un temps interminable, mais la sensation de l'eau pure et glacée ruisselant dans mon gosier est tout simplement délicieuse.

Mes bouteilles pleines du précieux fluide de la forêt, savamment replacées sur les poches latérales de mon sac à dos, je me remets en route en trottinant pour rattraper mon retard, que j'imagine à raison déjà conséquent. Il me faut parcourir ainsi un bon kilomètre pour entr'apercevoir ma compagne de route au pied d'immenses pins laricios. Esseulée dans l'obscurité enveloppante du sous-bois, elle accourt pour me rejoindre en toute hâte et se blottie contre moi.

- Je croyais t'avoir perdu, s'écrie-t-elle ! Il y avait tous ces bruits autour de moi, c'était comme dans un film d'horreur !

Je lui demande pardon et justifie mon absence par la nécessité de disposer d'assez d'eau pour la remontée, occultant à dessein l'éventualité que nous puissions nous égarer au beau milieu de la nuit.

Nous nous remettons en route sans plus attendre, laissant derrière nous le lac de *Creno*, ainsi que la forêt et les bêtes plus ou moins apprivoisées qui la peuplent.

Il y a un regain de lumière à l'étage subalpin, mais la nuit tombe pour de bon après 22h, nous obligeant à marcher à la lumière de nos torches. La frontale de Pia se montre assez vite inefficace, de même que la petite LED servant habituellement de veilleuse sur mon vélo et c'est finalement à la lumière de nos téléphones que nous marchons à flanc de coteaux. Je ne saurais dire si Pia est inquiète ou souffre de quelque fatigue, car je ne l'entends ni formuler la moindre plainte, ni manifester le plus petit signe de lassitude.

Lorsque *Manganù* crève les ténèbres et nous apparaît sur son promontoire, nous le contemplons fascinés comme nous contemplerions un monument millénaire. Hypervigilents pour préserver nos chevilles dans les derniers mètres, nous atteignons enfin la terrasse en bois du refuge. Je m'installe à l'une des tables de pique-nique mises à disposition des randonneurs et déballe quelques victuailles, pendant que Pia file faire une toilette de chat. En revenant elle boude la possibilité de casser la croûte avec moi, pose une petite bise sur ma barbe et file se coucher sans plus attendre. J'irai bientôt rejoindre mon lit en mezzanine, la sachant dormir en dessous à seulement quelques mètres de moi.

Avant cela mes yeux se lèvent pour contempler le ciel et

mes pensées d'aller vers la performance exceptionnelle des Bleus. Ils ont décroché pour nous une deuxième étoile, offrant aux gamins de nos villes et de nos villages, dans les rues et les quartiers de France, un peu d'espoir, de gloire et de fierté. Pia et moi avons marché plus de cinq heures supplémentaires juste pour les voir, mais ils ont fait de chacun de nous des champions du monde ce soir, alors pour la peine, ils sont amplement pardonnés !

Lundi 16 juillet 2018
Sixième jour

À la croisée des chemins

Quand j'ouvre les yeux au petit matin, la plupart des randonneurs sont déjà fins prêts à s'élancer à l'assaut de la brèche de *Capitellu*, Pia en tête. Elle me toise avec une certaine froideur et m'annonce un peu gênée qu'elle préfère marcher seule jusqu'au refuge de *Petra Piana*. Je comprends bien les motifs de cette mise à distance, mais l'initiative de Pia ne me rassure pas. Telle que je commence à la connaître, elle ne recherchera pas forcément la compagnie des autres randonneurs, lesquels seront d'ailleurs peu nombreux à pouvoir suivre son rythme, or cette étape est notoirement dangereuse.

J'identifie cependant deux ou trois marcheurs à la silhouette longiligne déjà en avance sur le peloton et potentiellement en capacité de l'accompagner dans l'ascension. En cas de problème, Laurent et Éloïse, sempiternels lanternes rouges des étapes, sauraient lui venir en aide si d'aventure elle rencontrait un quelconque problème. Voyant les frangins entamer leur marche d'un pas lourd et tranquille dans les pozzines, j'entreprends donc de me fabriquer un petit déjeuner royal en compulsant mes plus délicieuses victuailles. Il est un tantinet hautain de bouder l'aurore, qui plus est quand on s'apprête à doubler une étape dans le nord, mais la fatigue de la veille aidant, je savoure ma grasse matinée avec un air de satisfaction.

Mon repas gargantuesque dévoré jusqu'à la dernière miette, y compris celles ayant malencontreusement chu sur la table de pique-nique de *Manganù*, je me pourlèche la moustache et entreprends d'aller me faire une toilette intégrale à l'eau glacée des sanitaires. Cela m'oblige notamment à désempaqueter mes orteils, lesquels ont eu la délicatesse de se faire oublier la veille au soir. Tout discrets qu'ils aient pu se montrer, ils n'en demeurent pas moins abîmés et ils me réclament à juste titre un soin d'une grande méticulosité.

Ayant enfin achevé mes préparatifs et réuni mes affaires, je prends le temps de frimer un brin dans un anglais approximatif, histoire de vanter l'exploit de l'Equipe de France auprès d'un hollandais qui m'écoute tout sourire en opinant de la tête. Il est déjà 8h, quand je constate non sans un certain effarement, que la plupart des randonneurs ont déserté *Manganù.* Selon toute vraisemblance, je vais être bon dernier à m'élancer en direction du sud ce matin. Le soleil ne se décidant pas à montrer le bout de son nez, je me figure qui plus est la météo freiner ma progression.

C'est donc à la hâte que je remplis mes bouteilles à la source et presque en courant que je m'élance dans les pozzines. Il est gratifiant pour moi de constater que débarrassé des douleurs assassines de mon dos et de mes orteils, mon corps fonctionne à merveille, comme une machine bien huilée. Recouvrant mes pleines facultés physiques, je dévore les premiers kilomètres, sentant de-ci de-là des gouttes de sueur et de pluies perler sur mes tempes. Tandis que je pourvois mon sac d'une housse étanche à l'approche de l'orage, mon regard est happé par la brèche de *Capitellu.* Point culminant du GR20, à 2225 mètres d'altitude, c'est une magnifique porte minérale qui perce les nuages, m'offrant en contre plongée une vision grandiose de ce que le chemin peut offrir de plus spectaculaire. L'échancrure énigmatique de ce passage montagneux me rend impatient de découvrir les beautés qui se cachent sur l'autre versant. Je redouble d'efforts et rattrape un à un les randonneurs, jusqu'aux plus matinaux. Comme mes ressources physiques me paraissent suffisantes pour doubler l'étape du jour, je ne perds pas l'occasion de faire mes adieux aux copains qui envisagent de dormir au premier refuge de *Petra Piana*. En particulier Laurent et Éloïse, touchant de simplicité et de fraternité, avec qui j'ai la ferme intention de reprendre contact sitôt que nous serons rendus à nos vies quotidiennes.

J'arrive au sommet avec une facilité déconcertante, rattrapant le peloton et même les athlètes filiformes identifiés parmi les autres au petit matin. Pia trône à *Bocca a e Porte*, au cœur de la brèche. Elle ne semble pas si contente de me voir, mais m'adresse tout de même un sourire amical. Pour ne point trop l'embarrasser, je me jette à corps perdu dans la vue aérienne qui se déploie entre les nuages menaçants. Les lacs de *Melo* et de *Capitellu* d'ordinaire miroitants, ont une couleur bleue nuit impénétrable dans leur écrin de pierre, prisonniers des hautes montagnes dentelées qui les dominent.

Pia s'est remise en chemin. Je porte mon regard plus loin pour identifier l'itinéraire qu'il nous faudra emprunter sur les crêtes, repérant déjà sans me tromper quelques complications dans des passages un peu escarpés. C'est au sommet d'une petite voie équipée d'une chaîne que je la rejoins, dans un goulet d'étranglement suspendu dans le vide dans lequel elle semble hésiter à s'engager. Je prends les devants et le dévale en rappel, puis me positionne à l'arrivée pour l'encourager et la sécuriser. Contre toute attente, je la vois esquisser une grimace et prendre appui sur ses bâtons.

- Tu vas glisser Pia ! Lance-moi tes bâtons et accroche-toi à la chaîne !
- Je n'aime pas les chaînes et je peux y arriver toute seule, me hurle-t-elle ! Continue et laisse-moi tranquille ! Je n'ai pas besoin de ton aide !
- D'accord, j'ai compris. Je vais m'en aller, mais avant cela lance moi tes bâtons et attrape la chaîne, sinon tu risques de tomber !

Têtue comme une mule, Pia refuse catégoriquement d'obtempérer, manquant de glisser à chaque pas contre la paroi humide.

- Je vais te laisser te débrouiller jusqu'à *Petra Piana*, mais promets-moi de te servir des équipements ! Et aussi de rester proche des autres. Il commence à pleuvoir et le sol devient glissant. N'oublie pas qu'il y a souvent des morts sur ce chemin !

À ces mots je fais volte-face et me remets en route d'un pas rapide pour apaiser mon inquiétude et ma vexation. Du haut de ses vingt-six ans, Pia manque d'expérience. En dépit de ses qualités physiques indéniables, elle n'a probablement pas l'habitude de randonner dans de tels environnements, lesquels peuvent très vite devenir hostiles. Le fait de marcher seule sur ce type d'étape n'est pas non plus très prudent.

Je décide donc de prendre un bon kilomètre d'avance sur elle, la physionomie du chemin me permettant de la voir progresser de loin. Il n'y a pas de passage aussi périlleux par la suite, mais le sentier nous fait tout de même passer sur un amas de rocs environnés de névés, puis continue en lacets sur une pente caillouteuse, glissante et éprouvante. Je dépasse au passage Pierre et Stéphanie, le jeune couple belge que j'avais rencontré à la toute première étape, en train de pester contre les complications du sentier. Ils sont surpris de me revoir, car ils me croyaient beaucoup plus en avance et m'informent de l'abandon probable de Benjamin, le jeune ingénieur franco-marocain.

Le sentier devient plus roulant en haut de la montée, mais il me fait changer de direction et quitter l'aplomb qui me permettait de garder un œil sur Pia. La présence rassurante des autres marcheurs qui l'environnent me décide cependant à poursuivre ma route. Je force le pas jusqu'à *Bocca Muzzela* où je fais une pause pour étirer les muscles de mes jambes. Le bruit lugubre des pales d'un hélicoptère déchirent alors le silence grisâtre des cieux. Il me survole à plusieurs reprises, causant à chaque fois l'accélération de mon rythme cardiaque. Que n'ai-je fait de l'écouter et d'avoir laissée mon amie sans assistance ?

Ne sachant trop que faire, il me vient à l'esprit un dicton de mon père, qui se plaît souvent à rappeler que : « le Pire n'est jamais sûr ». Je me remets en chemin la mort dans l'âme et rejoins un jeune homme à l'allure familière tout en longeant les lacs *Rinosu*. Il m'accueille tout sourire les cheveux au vent et me dit m'avoir aperçu à *Calenzana*, la veille du début de notre épopée. Je ne suis pas très physionomiste, mais en remuant un peu ma mémoire, je parviens à me souvenir de Florian, discret personnage ayant célébré la victoire de la France en demi-finale un peu à l'écart des autres, parti très tôt avant le lever du soleil le lendemain, marchant au-devant comme un loup solitaire. Nous n'échangeons tous deux que des banalités, mais une étrange complicité se tisse entre nous tandis que nous contemplons les étendues sauvages qui nous attendent sur le dernier tronçon de l'étape.

Nous marchons ensemble jusqu'à un promontoire venteux surplombant enfin le refuge de *Petra Piana*. À droite, une alternative balisée de jaune sur un chemin de crête nous échoie en direction du refuge de *l'Onda*. Florian me fait lire son topo guide où il est indiqué que cette variante peut nous faire gagner jusqu'à deux heures de marche par rapport au GR20, ce dernier empruntant le vallon en contrebas du refuge et contournant la montagne. Cette alternative est d'autant plus séduisante que le ciel se fait de plus en plus menaçant et que le vent a redoublé de force, nous contraignant à chercher un abri. Nous le trouvons derrière un roc sur lequel nous nous adossons et grignotons ensemble quelques-unes de mes dernières denrées.

- Tu veux qu'on prenne ensemble le chemin des crêtes, me questionne-t-il la bouche à moitié pleine de bananes séchées dont il se délecte en mastiquant bruyamment ?
- Vas-y si tu veux, je pense que je vais te rejoindre à *l'Onda* par le même chemin, mais là, j'attends encore Pia.
- Pia ? C'est qui ? C'est ta copine ?
- Non, je l'ai rencontrée sur le GR20 à *Carozzu*, depuis on marche ensemble et on prend soin l'un de l'autre. On s'est donné rendez-vous au refuge, alors je vais l'attendre ici pour lui demander ce qu'elle a envie de faire.
- Je peux l'attendre avec toi si tu veux.

- Non, je ne sais pas combien de temps il va lui falloir pour nous rejoindre, ça risque de beaucoup te retarder. Vas-y, j'essaierai de te rejoindre un peu plus tard.

Florian se redresse et me toise de toute sa hauteur le regard amusé. Il a recouvert son grand corps filiforme d'un long poncho gris le protégeant des pieds à la tête. D'un geste énergique il s'empare de son sac immense et s'élance à grandes enjambées dans les bourrasques qui soufflent sur les crêtes.

Caché derrière une butte à l'abri du vent, je regarde sa silhouette fantomatique lutter contre la tempête, puis disparaître derrière un à-pic rocheux. Je demeure ainsi allongé pendant de longues minutes qui s'égrènent à mesure que grandit mon inquiétude. Après une demi-heure d'attente interminable, je décide de revenir sur mes pas pour aller à la rencontre de Pia, quand son K-Way reconnaissable entre mille m'apparaît enfin sur le sentier. Elle regarde ses pieds, encore gênée ou vexée peut-être et je l'imagine encore rouspéter contre moi de l'avoir attendue. Contre toute attente elle se rapproche à petits pas et me regarde intensément. Quelques larmes ont perlé à la commissure de ses yeux. Les bras ballants, elle fait choir sa tête contre ma poitrine, puis elle éclate en sanglots.

- Viens Pia, regarde, le refuge de *Petra Piana* est là, juste en bas. Tu vas pouvoir te reposer. Je n'aurais pas dû te proposer de m'accompagner à *Soccia* hier soir. Ça fait trop, tu es complètement épuisée !

Face à son désarroi, je n'ose évoquer le chemin des crêtes, songeant à Florian que j'imagine déjà à mi-chemin et je m'engage résolument dans la descente du refuge pour y escorter ma jeune amie. Je sais fort bien ce que ce choix implique. Demeurer ici pour la nuit m'obligerait à doubler toutes les autres étapes du sud pour boucler le GR20 dans les temps. N'ayant pas encore atteint la moitié du périple, je ne crois pas ma forme et mes capacités suffisantes pour relever un tel défi. Peu importe, Pia est saine et sauve et la possibilité de cheminer quelques jours de plus à ses côtés vaut bien le prix d'un triomphe…

Comme son nom l'indique, le refuge s'est installé sur une pierre plate où trônent plusieurs tentes à la propreté négligée. Nous nous adressons à un personnel un peu rêche, à qui je commande un repas chaud et une place dans le refuge. La cabane en bois où on nous installe respire à plein nez la punaise de lit. Les alaises sont sales, les matelas assez peu confortables. Pia fait la grimace mais s'allonge tout habillée en mezzanine. Je la rejoins et la regarde, trouvant finalement l'endroit beaucoup moins inconfortable quand ses cheveux s'éparpillent sur les coussins. Je les écarte pour voir son visage et m'assurer que ses larmes ont bien cessé de couler.

- Laisse-moi tranquille ! Me murmure-t-elle tel un guerrier exsangue.

Je me redresse en silence, puis emprunte l'échelle pour redescendre et la laisser dormir. Il est bientôt treize heures et je décide de me faire chauffer une soupe déshydratée pour tuer le temps. Pendant la cuisson de mon déjeuner frugal, je converse sans grand entrain avec d'autres randonneurs, en particulier avec Pierre et Stéphanie, qui en dépit de l'heure tardive, comptent bien braver la tempête et arriver à *l'Onda* en début de soirée. Lui est avocat à Liège, elle travaille dans les ressources humaines. Ils disposent d'une maison aux abords de *Porto-Vecchio* et avaient projeté d'y terminer leur séjour en Corse après avoir bouclé la partie nord du

GR20. C'est surtout son bronzage agricole qui semble le plus chagriner Stéphanie et peu importe l'orage qui gronde, pas question pour elle de s'attarder ici ! D'autres randonneurs semblent d'ailleurs eux-aussi fin prêts à repartir, car il se dit que le sud sera finalement épargné des averses prévues dans l'après-midi.

J'avale ma soupe à grandes gorgées, lave sommairement ma vaisselle, puis monte discrètement dans la mezzanine pour réunir mes affaires.

- Pia… Je m'en vais.
- Qu'est-ce que tu racontes ?
- Je vais te laisser tranquille, comme tu me l'as demandé. Je repars pour *l'Onda* avant l'orage. Il y en a d'autres qui sont déjà partis par le GR20, moi je vais prendre le chemin des crêtes comme Florian.
- Bon, très bien ! Fais ce que tu veux !

Mes pieds heurtent bruyamment le plancher du dortoir. Je boucle mon sac-à-dos et me rechausse à la va-vite, puis franchis le seuil du refuge les yeux rivés sur les cumulonimbus qui approchent dangereusement.

- Ne t'en vas pas !

Pia est venue me rejoindre dans le réfectoire, les yeux tout ensommeillés, laissant libre court à son fort caractère.

- Tu vois bien qu'il va pleuvoir ! Pourquoi tu pars comme ça sur un coup de tête ? Les copains vont tous nous rejoindre ce soir. Passe une dernière nuit avec nous, tu n'auras qu'à doubler l'étape de demain !
- Non. J'ai déjà pris trop de retard et le temps presse. Si je reste ici je ne finirai pas mon GR20 et puis… C'est peut-être mieux comme ça.
- Alors je viens avec toi !
- Tu es trop fatiguée, ce ne serait pas raisonnable. Toi tu as encore tout ton temps. Fais une bonne sieste et attends les copains, profite de mon repas pour reprendre des forces et demain, tout ira bien.

Pia m'accompagne jusqu'au bâti de pierres faisant office de cuisine où j'avais laissé mes bâtons en arrivant. Elle me regarde d'un air triste et interrogateur. Je lui propose de venir s'asseoir près de moi à l'écart du campement.

- Je ne pars pas sur un coup de tête Pia ! Je pars sur un coup de cœur. Quand j'ai commencé le GR20, je me sentais si seul, si tu savais ! Et puis je t'ai rencontrée à *Carozzu* et tout a changé. J'ai du mal à mettre des mots sur les sentiments que j'ai éprouvés ces derniers jours. Une sensation de plénitude quand nous marchions ensemble, le besoin de m'occuper de toi et de te protéger. Je n'ai jamais pensé à mal, je te le promets, mais j'avoue que notre rencontre m'a bouleversé ! J'ai retrouvé l'envie d'écrire, de vivre, de prier et d'aimer. Tu m'as surtout rendu à Dieu et c'est très important.
- Mais moi je suis déjà amoureuse !
- Je sais et de toute façon tu es un peu trop jeune pour moi. C'est aussi pour ça que je dois m'en aller. Tout le monde dit que les étapes du sud sont moins dangereuses de toutes manières, si tu restes près des copains tu ne risques rien.
- Je t'appellerai quand je serai rentrée chez moi et sur le GR20, j'allumerai même mon téléphone le soir pour prendre de tes nouvelles !

Nous nous levons tous deux et nous regardons intensément. Je prends Pia dans mes bras, songeant que c'est sans doute la dernière fois qu'il me sera donné de le faire dans cette vie-là.

- Adieu ma belle, surtout prends grand soin de toi !
- Tu es brillant Jean-Baptiste et je suis sûre que tu rencontreras bientôt quelqu'un qui te mérite vraiment, tu verras. Ne t'inquiètes pas, moi, je ne t'oublie pas !

Je tourne le dos à *Petra Piana* et me remets en chemin en enfonçant bruyamment la pointe de mes bâtons dans la rocaille pour prendre appui dans le sol et ne surtout pas faiblir dans la remontée. Je m'oriente mal et dois poursuivre mon ascension dans un maquis qui me lacère les tibias. Peu importe, ma décision est prise, je poursuivrai ma route quoiqu'il arrive, ne résistant pas cependant à la tentation de me retourner de temps en temps pour revoir mon amie une dernière fois. Elle est restée immobile à l'endroit où nous nous sommes séparés. Je suis rassuré de voir déjà plusieurs personnes la rejoindre et discuter avec elle. Ce sont nos chers profs ce soir qui seront contents de la revoir !

Je rejoins finalement le sentier et parviens à la croisée

des chemins en quelques enjambées, à l'endroit même où Florian s'est élancé sur les crêtes deux bonnes heures auparavant. Il est déjà tard, la violence du vent s'est considérablement accentuée et les cumulonimbus ont envahi les cieux. Je jette un dernier coup d'œil en direction du refuge qui n'est déjà plus qu'un point coloré à peine visible dans la brume, puis m'élance sur le chemin en plongeant tête baissée dans l'ouragan.

Avis de tempête

- Je n'aurais pas dû faire ce GR20, m'a dit Pia une ou deux fois. On ne reverra sans doute jamais toutes ces personnes auxquelles on s'est attaché en chemin...

Je réalise que cette très longue randonnée, nous isolant du monde dans les bois et les reliefs, si lointaine de nos quotidiens, de nos proches, de nos habitudes et de nos petits problèmes, catalyse nos émotions et nous fait vivre chaque moment, chaque rencontre et chaque séparation encore plus intensément. Un condensé de vie faisant affleurer notre « *Moi* » profond. Le vent qui m'environne hurle de concert avec ma tristesse et ma colère.

Pourquoi bon Dieu ?

- Pourquoi faut-il toujours renoncer aux gens qu'on aime ?

Il me faut mettre un genou à terre et m'agripper à un rocher pour ne pas me laisser aspirer dans le vide. De part et d'autre de la fine arête qu'emprunte le sentier sur les crêtes, il y a des à-pic menaçants, au fond desquels je laisse trainer mes yeux, à la recherche fébrile d'une longue cape grise et d'un sac immense, me reprochant d'avoir laissé Florian affronter seul cette étape dantesque.

Le raccourci providentiel s'est ainsi mû en danger imminent et il ne me faut pas moins de deux heures pour me mettre à l'abri des gouffres. A *Bocca Manganello*, je m'attends à devoir m'engager dans une descente difficile en direction du refuge et perds de vue les balises entre les essences des pelouses discontinues. Fort heureusement, je suis épargné du vent dans cet égarement, ce qui me permet tout de même de recouvrer quelques forces. La pluie qui devait être cantonnée au nord refait surface de-ci de-là et la lumière du jour s'amenuisant, je me figure devoir installer un campement sauvage quelque part. Il me faut réinvestir mes réflexes alpins, carte IGN en main, pour orienter mes pas dans une direction transversale qui me remet sur les rails. Les deux traits jaunes rejaillissent enfin des pierres, mais impossible de savoir où ils me mènent ! Sachant pertinemment que le *Mare a Mare nord* transite par ici, le risque de m'éloigner de ma destination n'est pas négligeable. Circonspect, je chemine à pas lents jusqu'à la pointe *Pinzi Corbini*, n'ayant pas la plus petite idée de l'endroit où se cache le refuge dans la purée de pois ténébreuse qui l'environne. Comme le sentier amorce une descente, les vents tourbillonnants jusque-là jugulés par la montagne se remettent à souffler de plus belle. Mon sac leur offre une prise idéale qu'ils ne se privent pas d'utiliser pour me bringuebaler et même parfois me jeter à terre. Une lutte acharnée s'engage, me faisant compter les mètres un à un, m'obligeant à repérer des abris potentiels où passer la nuit.

L'Onda m'apparaît enfin vers 19h entre deux nuages, alors que j'étais sur le point d'abandonner, les muscles mis en charpie et les pieds en sang. Après encore une bonne demi-heure de marche, je passe à côté d'une coquette maison en pierre environnée de fougères, où un homme allongé sur une chaise longue savoure sur la terrasse un moment de repos tout à fait exquis. Le sentier me conduit plusieurs centaines de mètres plus bas aux abords d'une zone de campement clôturée, conçue pour décourager les cochons sauvages d'importuner les randonneurs. Je pénètre à l'intérieur à la recherche de Florian et le trouve enfin en train de grignoter à l'abri d'une tente design minimaliste. Quand il me voit m'approcher, il se redresse de tout son long et vient me taper dans la main.

- Ola ! Je suis content de te revoir, me dit-il avec un franc sourire. Alors, tu es passé par les crêtes toi aussi ?
- Oui, mais deux bonnes heures après toi. Et je me suis perdu ! Je ne te dis pas la galère dans laquelle je me suis retrouvé !
- Tu m'étonnes ! Tu as vu ce vent qu'il a fait ! Horrible ! Au refuge, ils disent qu'il y a eu des rafales à plus de 150km/h ! Il fallait que je m'incline vers l'avant pour ne pas tomber dans la descente !
- Moi je n'arrivais même plus à mettre un pied devant l'autre, j'ai même pensé à me réfugier dans une grotte ! Bref, on s'en est sorti, c'est l'essentiel ! Tu viens manger à la bergerie ce soir ?
- Oh non ! Je finis de grignoter et après je ne vais pas tarder à aller me coucher. Je suis complètement crevé !

- Avec l'orage qui arrive, tu n'as pas peur d'être inondé ?
- Bah… Ma tente est bien étanche, ça devrait aller. Et toi, tu vas dormir au refuge ?
- J'aimerais bien ! Pourvu qu'il reste de la place ! D'ailleurs je vais me dépêcher d'aller voir avant que ça ferme. Tu t'arrêtes à *Vizzavonna* demain soir ?
- Non, je vais essayer de doubler jusqu'à *Capanelle.* Ma copine m'attend à Parme et j'ai hâte de boucler le GR20 pour aller la rejoindre !
- On se verra peut-être demain dans ce cas !
- Oui, enfin, si j'y arrive ! Ça fait deux jours d'affilées que je double les étapes et j'ai les pieds en compote. Je verrai bien demain ce que je peux faire. Bon allez, passe une bonne nuit !

Je fais demi-tour en adressant un salut amical à Florian, me sentant vraiment soulagé qu'il ne lui soit rien arrivé. Juste à côté du bivouac, la bergerie de *l'Onda* est agréablement aménagée, d'ailleurs toute une famille y vit pendant l'estive. J'y suis accueilli par un homme épais, rompu aux travaux agricoles, la barbe hirsute et le haut front plissé. Il me toise un moment, tandis que son petit garçon joue sagement avec ses jouets sous une tonnelle. D'un signe du menton, le rude berger m'interpelle, puis comme je lui demande une place au refuge, d'un autre mouvement de tête il m'invite à le suivre. Je suis conduit au comptoir à l'entrée d'une petite pièce qui grouille d'agitation. Une jeune femme m'accueille tout sourire dans les effluves délicieuses d'une cuisine corse traditionnelle. Je paie l'Euro symbolique en échange de la recharge de mon téléphone et réserve juste à temps la dernière part de lasagnes au *Brocciù* qui font la réputation de l'établissement ! Il y a encore des lits de libres, mais c'est la mine déconfite que j'apprends devoir remonter à la première maison quelques centaines de mètres plus haut pour en prendre possession, car je ne pensais plus avoir à faire d'autre effort en arrivant que celui de mastiquer mon dîner ! Je me hâte néanmoins d'y retourner clopin-clopant, très désireux de laver le bonhomme et ses hardes avant le début du banquet.

L'intérieur du refuge est un peu spartiate mais assez pittoresque, il est habité pour la nuit par une compagnie de réunionnais à la bonne humeur communicative. Je me fais indiquer sans traîner les sanitaires, ou devrais-je dire, les points d'eau glacée, dans lesquels je me dévêtis en tremblotant. Je n'y perds point ma soirée, achevant toilette et lessive en un temps record. Quel embarras à ce moment-là de constater la perte de ma serviette de bain, oubliée malencontreusement sur l'étendoir de *Manganù* ! Quel manque de prévoyance d'avoir laissé mes tongs dans la voiture ! J'enfile mon caleçon sec sur mon corps dégoulinant, chausse comme je peux mes chaussures dénouées, puis attrape maladroitement mon paquet de linge propre à moitié essoré pour l'étendre grossièrement sur la barrière en bois de la terrasse. J'entreprends ensuite de me relaver les pieds plus soigneusement avec mes bouteilles d'eau sur une marche en bois, arrachant mes pansements sous les yeux médusés d'une de mes voisines de chambrée. J'aurais préféré rester discret, mais cela ne se fait pas sans cri ni coup de poings donnés au plancher en rafales pour canaliser ma douleur. Comme si cela ne suffisait pas, un petit crachin inopiné ne trouve pas de meilleur moment pour annoncer l'averse, m'obligeant à déplacer mon linge sur les talons afin de m'épargner un long et fastidieux deuxième essorage. Tant pis, je ne voulais pas déranger, mais contraint et forcé, je fais une entrée fracassante dans le dortoir. Mon linge humide vole sur la mezzanine et je m'y propulse moi-même en grimpant à l'échelle l'instant d'après, éprouvant un rare plaisir à me calfeutrer dans mon sac de couchage pour me sécher et me réchauffer.

Comme les lasagnes vont finir par me passer sous le nez, je remets à plus tard mes soins plantaires, suspends mes vêtements mouillés entre les poutres de la charpente rustique du refuge et recouvre mes plaies d'une simple paire de chaussettes propres le temps du dîner. Que ne donnerais-je pour une couche de peau sous mes orteils ! Quand je redescends en direction de la bergerie, ma démarche à la Aldo Maccionne fait sourire un couple de femmes, qui m'adressent un salut amical en me regardant repartir depuis la terrasse.

J'ai de la chance que la cuisson des lasagnes ait pris plus de temps que prévu, sans quoi je serai arrivé trop tard pour être servi. Sous la tonnelle et dans l'auberge, il y a foule de randonneurs affamés qui attendent impatiemment leur souper dans un sympathique brouhaha. Je m'intègre aussitôt à la tablée de Pierre et Stéphanie, que je retrouve avec plaisir au milieu d'une bonne quinzaine d'autres personnes qui me sont totalement inconnues. A les entendre, leur progression sur le GR20 semble avoir été plus aisée que la mienne sur la variante. La distance qu'ils ont parcouru sur le GR20 était pourtant deux fois plus longue ! Après cette nuit sous la tente, Pierre et Stéphanie projettent de marcher jusqu'à *Vizzavonna*, puis de rentrer chez eux. Cette étape est grosso-modo au milieu des étapes du GR20, à la frontière entre le nord et le sud. C'est un retour à la civilisation qui nous donnera l'occasion de nous réapprovisionner et de donner des nouvelles à nos proches, car la couverture réseau est réputée être de meilleure qualité que partout ailleurs dans la montagne.

À table, les histoires drôles et les anecdotes animent un repas princier, mais il est rythmé par les coups de tonnerre. Au dehors, la pluie tombe sans discontinuer. Ce n'est pas sans inquiéter ceux qui ont opté pour le bivouac, d'autant plus que le vent semble prendre un malin plaisir à malmener les toiles de tente qui s'agitent de droite et de gauche comme des roseaux.

À la fin du repas, je vais adresser mes félicitations aux cuisiniers pour le festin qu'ils nous ont préparé et l'idée me vient de demander s'il ne serait pas possible d'acheter une serviette. Sur la droite, un homme d'âge mûr arborant fièrement une épaisse barbe poivre et sel se lève, se dirige sans mot dire dans une arrière-boutique et en ressort avec une serviette grise, lavée, repassée, sentant le frais ! Quelle aubaine ! Je m'empare aussitôt de mon portefeuille et en sors un billet, que le patriarche refuse en bloc, esquissant un sourire un tantinet édenté !

- C'est cadeau mon gars ! On te souhaite bonne route ! Fais attention à toi !

Je serre le bout d'étoffe comme un précieux trésor, repensant au manège qu'il m'a fallu endurer après ma douche glacée. Moi qui ai toujours rechigné par orgueil à saisir les mains tendues, me voilà un peu contraint de réaliser qu'il n'y a point de déshonneur à accepter l'aide désintéressée des âmes charitables, lesquelles peuvent revêtir les habits les plus divers.

Quand je quitte la bergerie, repus, reposé et souriant, une légère accalmie me permet de préserver de la pluie mes derniers vêtements secs, aussi, nonobstant la douleur irradiant mes orteils, la remontée au refuge est un moment parfait. Comme je croise deux malheureux scouts ahuris, transis de froid et trempés de la tête aux pieds, un rien goguenard je leur fais croire le plus sérieusement du monde qu'il est indécent de déranger les gardiens du refuge à la nuit tombée, que de toutes façons la réception est fermée et qu'ils vont devoir continuer à marcher jusqu'au prochain refuge ! Les malheureux me regardent la mine déconfite, ne sachant trop à quel saint se vouer.

- C'est-à-dire que là, vraiment on n'en peut plus quoi… On vient de *Vizzavonna* et on a pris une de ces sauces !
- Oui, reprend l'autre ! On n'a plus un coin de sec ! On voudrait juste avoir le droit de planter notre tente quelque part !

Je laisse volontairement planer le doute une seconde, bien campé sur le sentier, faisant rempart de ma personne.

- Non, c'est bon je blague, allez-y vite, il reste de la place au refuge !

Transfiguration ! Leurs yeux s'éclairent, ils poussent un soupir de soulagement, me tapent sur l'épaule en riant de bon cœur et dévalent les derniers mètres jusqu'à la bergerie en courant.

Il est déjà presque 22h lorsque je regagne le refuge du parc. Comme la plupart des randonneurs sont sur le point de s'endormir, je prends la précaution de réunir mes affaires dans la pièce attenante pour préparer mon sac. Cela me fera gagner un temps précieux le lendemain, car je compte bien partir à l'aurore et maximiser mes chances d'atteindre *Capanelle*. Après m'être assuré de n'avoir rien oublié dans le dortoir, arrive le moment fatidique de soigner mes pieds. Comme je me trouve dans un endroit faisant office de cuisine et de réfectoire, j'ai la prévenance de me cacher dans le fond de la pièce avant de déballer le musée des horreurs, car le couple de réunionnaises croisé en début de soirée se délecte d'une tisane et je ne voudrais pas causer leur écœurement.

Vraiment, mes pauvres orteils font peine à voir, surtout mon gros orteil droit qui n'était pas tout à fait consolidé suite à une récente fracture et qui a doublé de volume !

- Tu ne vas pas pouvoir continuer dans cet état, tu sais ?

L'une des deux réunionnaises est venue se pencher sur moi en catimini, examinant le désastre à mon insu par-dessus mon épaule.

- Je t'ai vu te soigner tout à l'heure, tes pansements ne suffisent plus, il te faut des *Compeed* !
- Il faut surtout que tu désinfectes correctement tes plaies avant de te traiter, reprend la deuxième.
- Viens t'asseoir avec nous, on va te donner de quoi.

Je suis obligé de me mordre la lèvre inférieure pour ne pas réveiller la chambrée attenante, mais les soins qu'on me prodigue me procurent un soulagement quasi instantané sitôt la désinfection effective. Les fameux pansements *Compeed* sont ensuite soigneusement enroulés autour de mes orteils et aussi à l'arrière de chacun de mes pieds en prévision de l'apparition de nouvelles cloques.

- En principe tu pourras garder ces pansements quelques jours, ils vont aider ta peau à se reformer et protéger tes blessures des frottements dans tes chaussures.

- Tu n'as que ces chaussures basses pour marcher ?
- Oui, je ne supporte plus les chaussures montantes depuis que je me suis cassé une cheville dans un canyon il y a quelques années. J'ai opté pour ces chaussures parce qu'elles sont faites depuis pas mal de temps et ne me faisaient plus mal nulle part.
- Elles suffisent peut-être pour de petites randonnées à la journée, mais pas pour un parcours de cent-quatre-vingt kilomètres !
- Quoi qu'il en soit, il faut que tu te procures de quoi te soigner, sinon tu vas devoir abandonner avant longtemps. J'imagine que tu n'as pas préparé tes pieds avant de partir !
- Je suis parti sur un coup de tête et je n'ai pas préparé grand-chose en fait. Qu'est-ce qu'il aurait fallu que je fasse ?
- Au moins trois semaines avant de commencer à marcher tu appliques un peu de *Nok* sur des pieds deux fois par jour, en insistant bien entre les orteils. C'est une crème à base de beurre de karité qui évite les frottements et renforce ta peau.

- Mais là maintenant c'est trop tard. Pense à le faire la prochaine fois, il vaut mieux prévenir que guérir !

C'est un couple atypique que forment ces deux randonneuses réunionnaises. Approchant de la cinquantaine, elles n'ont rien des coureuses filiformes qu'on peut croiser dans les ultras trails. Pourtant elles marchent d'un pas sûr et efficace depuis *Calenzana* sans faiblir, capitalisant sur une expérience acquise dans l'Île de la diagonale des fous, où la pratique de la marche est reine. Tout ou presque les distingue physiquement, de la couleur de leur peau à leur morphologie, en passant par leur taille et leurs traits. Elles ont cependant quelque chose de semblable dans le regard, un sourire, une complicité palpable que je ne saurais définir. Elles m'offrent une tisane bien chaude que je sirote en silence, agitant subrepticement mes orteils dans mes chaussettes en me réjouissant de ne plus sentir la douleur infernale de mes plaies.

Comme elle finit son infusion, Cathy esquisse un clin d'œil à Hiba et va se mettre au lit en souriant. Cette dernière demeure dans la cuisine avec moi et me toise d'un air interrogateur.

- Tu n'étais pas seul sur le chemin les premiers jours, n'est-ce pas ?
- Non, c'est vrai. Pia est restée à *Petra Piana* cette nuit.
- On pensait que vous étiez ensemble. Ça m'a fait drôle de te voir arriver sans elle au refuge ce soir.
- Elle était exténuée par le détour que nous avons fait à *Soccia* hier au soir pour le match et je pense qu'elle ne serait pas arrivée à doubler l'étape aujourd'hui, sans parler du vent qui a soufflé sur les crêtes en fin d'après-midi… Moi je ne pouvais pas permettre de rester là-bas. J'ai mon bateau le 22 juillet et ma voiture à *Calenzana.*
- Tu es triste de l'avoir laissée, pas vrai ?
- C'était une rencontre très spéciale. J'espère qu'il ne lui arrivera rien et qu'elle sera accompagnée par d'autres personnes avec qui elle pourra finir son GR20 sans soucis.

Le sourire d'Hiba m'encourage à me confier davantage, alors je lui raconte notre rencontre à *Carozzu,* nos très longs bavardages, nos baignades dans les rivières, la rencontre avec les profs et la prière que nous avons faite ensemble la veille. Hiba m'écoute sans se départir de son sourire. Quand je termine mon récit elle se lève, vient poser ses mains sur mes épaules et me regarde intensément.

- Ne cherche pas à mettre des mots sur ce que tu ressens. Tu sais ce qui s'est passé ?
- …
- Tu étais éteins. Pia a craqué une allumette et elle t'a rallumé!

Me faisant un dernier signe de la main pour me souhaiter bonne nuit, Hiba s'engouffre dans les ténèbres du dortoir. Comme je viens de parachever mon paquetage, je ne vais pas tarder à l'imiter. La pluie s'est mise à tomber à seau au dehors, aussi j'espère que les profs et les frangins ont pu se mettre à l'abri, j'espère que Pia a bien mangé et s'est endormie. Je réalise qu'en cherchant à mettre un peu d'ordre dans le chaos de mes émotions, Hiba a pansé des blessures plus profondes que celles qui maculaient mes pieds. Avant de m'endormir à mon tour, j'entrouvre les portes de mon esprit.

Pour les miens qui sont loin, pour Florian qui est sauf, pour m'avoir préservé de la tempête aussi, pour ces délicieuses lasagnes et la générosité des gérants du refuge, pour me donner de pouvoir marcher, d'être ici, pour Cathy et Hiba, pour Pia... Merci mon Dieu.

Bien emmitouflé dans mon duvet tandis que la tempête fait rage, je sens mes paupières me rappeler à l'ordre et sombre enfin dans le sommeil à l'approche de minuit, non sans mélancolie…

Mardi 17 juillet 2018
Septième jour

Incursion

Mon réveil n'a pas le temps de sonner que je suis déjà debout, les yeux grands ouverts assez tôt pour distinguer les premières lueurs du jour entre les planches disjointes de la porte d'entrée du refuge. Je roule désormais mon sac avec autant d'aisance que la randonneuse à qui j'avais esquiché les pieds à *Carozzu*, puis descends à l'échelle à pas feutrés pour récupérer mon sac laissé à dessein dans la cuisine. Quel n'est pas mon étonnement de constater que les deux malheureux scouts y ont élu domicile pour la nuit. Ils ont probablement été surpris par la pluie en dépliant leur tente dégoulinante qui jonche le sol entre des chaussettes et des tee-shirts à peine plus secs ! Je les encouragerais bien à prendre possession des lits vacants dans le dortoir, mais cela se ferait au prix de leur réveil et à les voir si bien endormis sur le plancher, je renonce à l'idée. Faut-il être jeune pour se contenter d'une couche si spartiate ! Je renonce également à mon café chaud, pour les mêmes motifs et aussi pour ne pas perdre de temps. Il est à peine six heures, l'idéal serait d'atteindre *Vizzavona* avant midi !

Tandis que je m'extrais de la cuvette où le refuge de l'*Onda* a élu domicile à l'abri du vent, empruntant le bout de chemin parcouru la veille en boitant pour rejoindre le GR20 sur la crête, je sens mes forces abonder jusque dans mes artères et mon cœur battre au rythme cadencé de mes pas. Il n'y a pas âme qui vive de si bonne heure sur le sentier, mais le soleil s'est invité pour me tenir compagnie. Il me donne une vision nouvelle de la fin de l'étape précédente, dantesque au cœur des bourrasques, mais si tranquille au fond quand le ciel redevient clément. Point d'arbre encore pour meubler le décor, car le chemin m'élève dans un maquis qui fait la joie d'un petit troupeau de vaches ruminant paisiblement au milieu des névés.

Je fais une première pause dans un lacet pour grignoter quelque chose, laissant tout loisir à mes yeux de divaguer sur les massifs dentelés du littoral occidental, ne sachant trop ce qu'il m'est donné de voir de si loin, un peu azimuté sans autre carte que celle du GR20 et surtout sans connexion internet. Quelques cailloux épars me permettent de composer un mot d'adieu dans l'herbe tendre aux abords du chemin, imaginant Pia le découvrir demain en montant.

Punta Muratellu à 2141 mètres d'altitude se laisse atteindre sans encombre à la fin d'une agréable ligne de crête. Ce point culminant de l'étape me permet d'adresser un salut amical aux montagnes du nord, lesquelles semblent cacher leurs trésors au sein de leurs écrins de rocs, toujours aussi mystérieuses et menaçantes, même lorsqu'on vient de les parcourir. De l'autre côté du sommet, une terrible descente m'attend jusqu'à la Cascade des Anglais. Difficile d'identifier l'endroit où elle prend source parmi la multitude de ruisseaux cristallins qui scintillent à mes pieds. D'ailleurs je ne peux m'appesantir sur le paysage, car le dénivelé négatif de presque mille mètres qu'il me faut dévaler exige de moi une attention de tous les instants. Soucieux de ménager genoux, chevilles et orteils, je m'appuie aussi souvent que possible sur mes bâtons, lesquels doivent donner à ma silhouette en contre-jour les allures étranges d'un quadrupède bondissant. Soleil et concentration ont tôt fait de me mettre en nage et tandis que se forment les premières vasques émeraudes au milieu des pins, j'éprouve soudain le besoin de me rendre présentable avant de revenir à la civilisation.

Ma vélocité sur la plus grande partie de l'étape m'autorise qui plus est à procéder à une toilette soignée sans pour autant compromettre mes chances de doubler l'étape du jour. J'étale mes vêtements encore humides sur les rochers chauds baignés de soleil, ôte ceux non moins humides que je porte pour les laver dans l'eau glacée de la rivière et y plonge à mon tour en bloquant ma respiration. Le petit savon de ma mère est fortement mis à contribution pendant toute la durée de l'opération et quelques bulles bleutées dansent bientôt à la surface des eaux avant de s'abîmer dans la petite cascade qui gronde en contrebas.

Aussitôt après être sorti de l'eau j'inspecte mes pansements. Malheureusement ils ne sont pas aussi étanches que la notice le prétendait et plusieurs se décollent, aussi suis-je obligé d'en remplacer certains avec mes Velpeau que je sais désormais beaucoup moins efficaces. Tandis que je me remets en route, la sanction ne se fait pas attendre et les épines douloureuses se réinstallent dans mes chaussures.

La féérie des cascades me font vite oublier mes misères, mais lorsque les deux premiers randonneurs que je croise en sens inverse me parlent d'une variante par le col de *Vizzavona*, laquelle pourrait m'épargner des centaines de mètres de dénivelé, je tente une deuxième fois ma chance en dehors des clous du GR20. Au moment de m'engager dans la montée du col, la couverture réseau du village dont je me suis approché m'offre une conversation avec ma petite sœur qui me remet du baume au cœur, car elle parvient à merveille à rompre une solitude que l'enfilade des touristes anonymes venus se repaître des cascades n'avait su qu'accentuer. Quel contraste tout de même entre ces gens chaussés de vulgaires sandalettes, se fendant à peine d'un bonjour prononcé du bout des lèvres, ou demandant leur route sans un merci et les vrais randonneurs du GR20 20, boueux, crottés et dégoulinants de sueurs, mais si polis, si amicaux et si solidaires !

Les premières constructions humaines aux abords du col sont en ruine et il ne me faut marcher qu'une petite heure à l'aveuglette sur un sentier des plus agréables pour l'atteindre. Fouler un sol bitumé et voir des voitures garées de part et d'autre d'une large route relativement passante a un singulier effet sur moi. Mes yeux se lèvent sur le *Monte d'Oro* auréolé de soleil au pied duquel j'ai marché une bonne partie de la matinée, puis longent les torrents scintillants pour retracer mentalement mon parcours dans le vallon. Cette incursion dans la civilisation me ferait presque douter de la réalité de mon périple dans la partie nord du GR20. Le lac de *Nino*, la forêt d'*Aïtone* et le refuge de *Manganù* et si tout cela n'était qu'un rêve ?

Marchant hagard sur la route dans une direction puis dans une autre à la recherche des balises jaunes de la variante, totalement dépourvu de réseau, je finis par m'adresser à une famille d'italiens afin qu'ils m'aident à retrouver les balises. Ils me font profiter de leur carte IGN, mais nous avons le plus grand mal à nous comprendre et ils semblent me guider sur un autre itinéraire. Cela n'est pas de nature à me rassurer, aussi après les avoir remerciés, j'emprunte une petite route parallèle à la nationale pour m'adresser à des résidents. Je tombe alors sur un établissement insolite, ayant tous les atours d'un manoir du dix-neuvième siècle, recouvert de plantes grimpantes et dissimulant ses secrets derrière des volets bordeaux, clos pour la plupart. J'entre dans le hall d'une réception desservant un bar en bois éclairé de trois spots, seuls témoins de l'ouverture des lieux au public, arborant fièrement les distinctions du guide du routard obtenues deux années de suite.

Après avoir posé mon sac dans un coin, je prends place assise sur un des quatre hauts tabourets mis à disposition de la clientèle pour savourer quelques minutes de repos. Des viennoiseries sous une coupelle en verre me font me relever d'un bon à la recherche de mon portefeuille et je commence mentalement à composer ma petite collation en faisant le point sur tout ce qu'il y a de savoureux à déguster ici. Adieu les restrictions monastiques prises à l'aurore ! Après six heures de marche, l'appel du ventre ne saurait être contrit !

Je suis finalement rejoint au bar par une petite dame approchant de l'âge de la retraite et qui s'amuse de me voir la dévaliser.

- Vous allez où si bien équipé ? Me demande-t-elle avec un sourire en coin. Vers le sud ou vers le nord ?

- Vers le sud, mais j'ai opté pour la variante et j'ai perdu les balises.

- Ça ne m'étonne pas ! Il faut redescendre un peu en direction de *Vizzavonna.* Le chemin est sur la droite derrière un grand bâtiment blanc. Pas mal de gens se perdent. Si vous voulez je peux vous imprimer un topo guide !

- Ce serait très gentil de votre part. Je peux vous régler et finir mon déjeuner sur la terrasse ?

- Faites comme vous voulez. Vous pouvez payer à la réception de l'hôtel juste au fond du couloir.

Tandis que la patronne s'enferme dans son bureau, je me rends donc à la fameuse réception où je suis reçu par une jeune fille qui me regarde d'un air rieur. Je trouve l'addition tout ce qu'il y a de plus raisonnable et l'endroit des plus hospitaliers. En retournant dans le hall où j'ai laissé mon sac avant de m'installer sur une des tables au dehors, je découvre mon reflet dans un grand miroir que j'avais négligé en arrivant. Il me fait forte impression : barbe et cheveux en bataille, la masse adipeuse dégringolante, le teint halé par le soleil des sommets, j'ai tout d'un ermite rompu aux rigueurs de la forêt. Je prends un rare plaisir à m'attabler et à me délecter de mes précieuses denrées, le nez frémissant au petit air frais qui s'est frayé un chemin jusque sur la terrasse. Une fois fin prêt à repartir, la patronne me pourvoit en souriant du fameux topo guide que je parcours en diagonale. L'itinéraire me paraît de but en blanc assez compliqué. Comme le dirais ma grand-mère avec ses expressions niçoises, sans ce précieux bout de papier, j'aurais fait « des tours de Pierre cougourde » pour retourner sur le GR20 ! D'ailleurs à ce propos l'heure a tourné et je commence à être en retard. Le temps de resserrer mes chaussures, je remercie chaleureusement le personnel de l'hôtel et me voilà reparti à la recherche de mes précieuses balises…

Le prix du mérite

Le topo guide de la patronne de l'hôtel a été rédigé avec force détails. Des circonvolutions du chemin aux curiosités attenantes, tout y est ! Une prose si complète qu'on se laisserait absorber au point d'en oublier de bifurquer au bon endroit ! Je m'amuse à corroborer des yeux chaque information, un peu comme dans un jeu de piste, dont l'enjeu serait de gagner un peu de temps. Et force est de reconnaître que sans ce guide j'en aurais perdu plus qu'il n'en faut pour me mettre en retard ! Un luxe qu'on peut difficilement se permettre quand on ambitionne de doubler une étape et quand on sait devoir atteindre un refuge pour manger et dormir. Dans le sud, des bergeries faisant office de gîtes offrent une alternative à ceux du parc, cela donne une plus grande flexibilité face aux imprévus de toutes natures. Entre *Vizzavonna* et *Capanelle*, point d'autre solution que d'aller au bout !

L'expérience acquise ces derniers jours me permet de jauger mes capacités physiques de manière plus précise. En l'absence de douleur, je marche globalement plus rapidement de bon matin que ce que le guide de ma carte prévoit, mais lorsque je double l'étape, l'après-midi est plus ardue et il me faut au moins 20% de temps en plus qu'annoncé pour atteindre mon objectif. Selon mes calculs, je devrais donc arriver sur les coups de 18h à la station de *Capanelle*. Une heure raisonnable, le problème, c'est que chaque nouvelle pause décalerait mon heure d'arrivée d'autant de temps passé à me lézarder au soleil !

Ma motivation à son plus haut niveau, je ne ménage pas ma peine dans la montée, laquelle se fait dans une solitude rompue par une famille ayant parcouru une longue randonnée de plusieurs heures en tongs depuis la gare de *Vizzavonna* à la recherche de la Cascade des Anglais ! Il faut croire que mon allure de randonneur aguerri me donne une crédibilité sans faille car sitôt que je leur indique la bonne direction, le père, la mère et leurs deux jeunes fils rebroussent chemin à la seconde sans autre vérification. Ils dévalent la pente en manquant de peu de se rompre les chevilles, pestant comme un seul homme contre cet imbécile de GPS qui les a induits en erreur ! Quant à moi, je ne suis pas fâché de retrouver les traces rouges et blanches si rassurantes du GR20 m'indiquer à un carrefour que je suis dans les clous ! Il est encore trop tôt pour estimer le bénéfice du raccourci par le col, mais à vue de nez, il semble m'avoir épargné au moins deux cent mètres de dénivelé ! Ce n'est pas très sport, mais quand on souffre autant du bout des orteils, on évite de faire la fine bouche !

Je marche encore en solitaire pendant toute la durée de l'ascension, laquelle me conduit hors du sous-bois sous un soleil éblouissant. Les lacets sont interminables et sur le sol, les cailloux blancs brûlants semblent parvenir à surchauffer ma voûte plantaire par-delà mes semelles ! D'ailleurs mes orteils, jusqu'ici plutôt discrets, commencent à se plaindre de mon ambition, or je sais fort bien que c'est dans la descente qu'ils seront le plus endoloris. En empruntant la variante, je me suis privé de la possibilité de faire le plein de Compeed à *Vizzavonna* et au rythme où je progresse, mes Velpeau ne feront pas long feu ! Je décide donc de resserrer mes chaussures à fond, ce qui crée une compression qui amoindrit les frottements et me soulage instantanément de plusieurs autres petites douleurs que mes orteils masquaient jusque-là de leurs lancements continus.

Non loin du col, je rencontre une jeune adolescente et sa mère en train de se rafraîchir à l'eau glaciale d'une source et je me joins à elles pour faire le plein de mes bouteilles. Partie de la gare de *Vizzavonna* un peu tard dans la matinée en direction de *Capanelle*, la mère est désireuse de savoir d'où je viens, me demande de lui donner des détails sur mon périple au nord et me parle de son projet de boucler quatre étapes avec sa fille jusqu'à *Bavella*. Un beau projet, à n'en pas douter, car si l'intégralité du GR20 est difficilement faisable pour qui n'a pas l'entraînement nécessaire, il est effectivement possible de l'emprunter par morceau en famille, notamment dans le sud, réputé moins technique. Tandis que je croque avec plaisir les délicieuses graines qu'elle vient de m'offrir, je songe pour la première fois sérieusement à surseoir mon arrivée à *Conca* au cas où mes douleurs ne seraient plus tenables. Au fond, qu'ai-je encore à prouver ? N'ai-je pas déjà réalisé un exploit personnel en arrivant jusqu'ici ? En rompant une solitude qui devenait pesante, cette pause revigorante me redonne le sourire et j'achève mon ascension d'un pas plus tranquille.

En arrivant au col, l'altitude me permet de faire un tour

d'horizon. Quel contraste entre ce qui précède et ce qui arrive sur l'autre versant ! Le chemin descend en pente douce dans une forêt dense qui s'étale à perte de vue sur un relief bosselé. Microcosme brillant par sa diversité, que de paysages la Corse est capable d'offrir dans un rayon d'une poignée de kilomètres !

Sans difficulté aucune, le sentier devient soudain plus ombragé, très roulant et je me figure progresser plus vite que prévu. Lorsque j'atteins la première grange privée, les indices distillés par ma carte me laissent hélas plutôt penser le contraire. Croyant être enfin arrivé à *Capanelle*, j'atteins en fait la deuxième grange en fin d'après-midi et constate devoir marcher encore plus d'une heure pour arriver à bon port !

Cette dernière heure est un supplice, pire encore que la fin d'étape jusqu'à *Carozzu* le premier jour et même pire que la veille en approche de l'*Onda* au cœur de la tempête ! Chaque nouveau pas m'arrache une grimace, comme si on m'assénait des coups de marteau sur le bout des pieds ! La douleur alarmante m'oblige à retirer mes chaussures pour mesurer l'ampleur des dégâts. La plupart des pansements se sont décollés et sont restés accrochés à mes chaussettes, de même que des fragments de peau que j'aurais préféré conserver sur mes chairs. Plus alarmant que les écorchures, le volume de certains de mes orteils, dont le gros orteil gauche récemment fracturé est énorme et d'une couleur blanchâtre anormale. En serrant mes chaussures à fond, j'ai certes endigué la prolifération d'autres cloques de part et d'autres de mes pieds, mais au prix de leur irrigation sanguine ! J'utilise les dernières gouttes d'eau fraîche de mes bouteilles pour faire abonder le sang jusqu'à mes extrémités inférieures et laver un peu mes blessures, puis patiente un bon quart d'heure pour que sèche l'ensemble. Que ne donnerais-je pour une paire de tongs ! Si je n'avais pas à souffrir de plaies sous la voûte plantaire, j'aurais même fini l'étape nu-pieds !

Presque deux heures au lieu d'une s'écoulent avant que je croise âme qui vive, un couple de hippies encore plus dépenaillé que moi cherchant un endroit à l'abri des regards pour s'épargner les cinq euros dont il faut s'acquitter pour planter sa tente aux abords du refuge.

- Et mon pote, me hèle le garçon ! Courage, t'es bientôt arrivé ! Ils ont de la bonne bière là-bas, tu vas voir !

Que la bière soit bonne ou pas est bien le cadet de mes soucis, mais savoir le refuge juste à côté me comble tellement d'allégresse, que je pourrais presque sauter dans les bras de ce hippie malodorant pour faire exploser ma joie ! Je dis « presque », car il ne faudrait tout de même pas exagérer, en outre je doute que ce genre d'effusion soit sa propre tasse de thé !

Quand le GR20 emprunte un morceau de route bitumée, le fouler me procure un étrange sentiment de libération. Comment ne pas penser qu'un simple pouce tendu pourrait me rapprocher de Calenzana, de ma voiture, de ma maison de *Novale* et du lit bien douillet qui s'y trouve ?

Cette réflexion est d'autant plus prégnante que le refuge tant espéré n'est toujours pas en vue et qu'il me faut m'engager dans une descente caillouteuse qui parachève de me rompre corps et âme.

J'arrive finalement exsangue au gîte de *Capanelle* à l'approche de dix-neuf heures et la première chose que je fais en foulant le sol du restaurant est de m'assurer que les papilles gustatives du cher hippie croisé en arrivant sont dignes de confiance et donc, je commande une pinte. Quelle exquise sensation que celle de sentir les saveurs pétillantes du houblon de la bière ! Les yeux dans le vague, je contemple l'humble station d'un regard curieux. D'aucuns disent qu'il y a un lac de toute beauté à seulement une heure du refuge. Évidemment, je le laisse à d'autres et me préoccupe bien davantage de l'endroit où il me sera donné de m'étendre pour trouver un repos bien mérité. On me donne le choix entre le gîte ou le refuge du parc, étrangement moins cher qu'à l'accoutumée. Je m'imagine le gîte par trop cossu et opte pour le refuge, m'accordant tout de même une place à la table du restaurant, puis fait la razzia des deux dernières boîtes de Compeed du petit rayon « ravitaillement » constitué derrière le comptoir. Les précieux pansements sont tout bonnement hors de prix, mais dans la situation où je me trouve, pas question de marchander ! D'ailleurs, sitôt que je les tiens entre mes mains, la perspective de les avoir à mes pieds me fait hâter le pas jusqu'au refuge. Malheureusement, il me faut remonter plusieurs centaines de mètres plus haut pour découvrir la triste masure.

Ce n'est ni plus ni moins qu'une vulgaire cabane dépourvue d'installation électrique et donc plongée dans les ténèbres du jour mourant. À en juger par la saleté des draps, les couchages doivent parfois servir de nids à toutes sortes de bêtes sauvages à qui la porte toujours ouverte ne saurait interdire l'accès. Le repère idéal pour les puces de lit tant redoutées du GR20, si contagieuses, si tenaces et si redoutables, faisant se gratter jusqu'au sang les malheureux qui les attrapent ! Dans la pièce attenante au dortoir, une sorte de cuisine spartiate disposant d'un réchaud maculé d'une graisse écœurante vient parachever le tableau. Les graffitis ornant le meuble en bois qui surmonte l'évier ont par ailleurs tous les attributs de ceux que l'on côtoie dans les geôles miteuses et un petit goûte à goûte, en plus d'être des plus irritants, nous immerge dans l'ambiance d'un film d'épouvante. Pas âme qui ait choisi de dormir ici, évidemment, alors quitte à dormir seul, bête parmi les bêtes, autant me réfugier sous ma tente, bien propre et à l'abri des puces de lit !

Clopin-clopant, je me représente à la réception et négocie mon droit de bivouac, lequel m'est plutôt favorable car cinq euros moins cher, puis m'empresse de trouver un emplacement convenable.

Après le passage obligé de ma lessive dans un sous-sol sans lumière, l'installation de mon petit camp est un peu laborieux, mais suffisamment méthodique pour offrir à ma mémoire ce dont elle aura besoin au petit matin pour remballer le tout dans la pénombre. Comme le dit le vieil adage que se plaît à répéter mon père : « comme on fait son lit on se couche ». Aussi, tandis que sonne l'heure du dîner, je ne résiste pas à l'envie de dérouler duvet et tapis de sol et de me vautrer dans la propreté aseptisée de ma moustiquaire. Je ne suis moi-même malheureusement pas d'une propreté irréprochable, car il y avait foule dans les douches et je pressens ma toilette et mes soins trop longs à accomplir, alors je me contente de desserrer encore d'un cran mes misérables chaussures boueuses, puis m'achemine vers le restaurant. J'ai choisi un emplacement relativement proche, au carrefour des douches et du réfectoire, mais les quelques mètres qui me séparent de mon dîner me paraissent encore trop longs tant la douleur est forte. Comment continuer dans ces conditions ?

J'essaie autant que faire se peut de faire bonne figure en allant chercher place assise. On m'installe à la table de deux athlètes hispaniques très souriants avec qui il est difficile de communiquer. Mes souvenirs scolaires ne me permettant pas de converser avec eux en espagnol, nous optons d'un commun accord pour l'anglais, qu'ils semblent parler aussi mal que moi. Ceci a cependant le grand avantage de nous mettre sur un pied d'égalité et nous nous lançons (probablement) dans le récit de nos exploits du jour. L'échange est très animé, je dodeline de la tête en signe d'assentiment lorsqu'un de mes interlocuteurs introduit une accentuation originale, que j'interprète peut être à tort comme un événement marquant du récit. Au bout d'une bonne vingtaine de minutes, je réalise que chacun d'entre entre nous aura sans doute une version très différente du sens global de notre conversation, mais qu'importe ! Cela ne me chagrine pas plus que ça. Je me contente d'être là, avec eux, de manger et de rire, d'exister, tout simplement. Il y a une vraie magie qui parcoure ce GR20, un plaisir à vivre ensemble cette expérience hors du commun.

C'est sur ces entrefaites que je vois entrer Florian. Il est hagard et se présente à la réception en boitant. Je me lève de ma chaise et lui fais signe de prendre place à notre table. Il me raconte avoir été atteint par une contracture musculaire à la cuisse droite à mi-parcours et être arrivé juste à temps pour monter sa petite tente encore trempée par l'averse de la veille.

- Tu as pu manger quelque chose ?

- Non, j'espérais pouvoir prendre un repas mais j'arrive trop tard.

- Alors viens partager mon plat !

Florian ne se fait pas prier, il dévore les derniers morceaux de viande de mon Navarin d'agneau avec délectation, me racontant entre deux mastications les difficultés qu'il a rencontrées aujourd'hui. Les deux autres convives espagnols hochent poliment la tête chaque fois que le récit du jeune homme se teinte d'une exclamation particulière, sans toutefois je pense, en comprendre un traitre mot.

Tandis que Florian termine de saucer mon assiette avec les dernières miettes de pain de la panière, ne voilà-t-il pas la serveuse le montrer du doigt d'un air réprobateur.

- Il a payé son repas celui-là ?

- Moi j'ai payé le mien et il a fini mon assiette.

- Mais vous vous croyez où ? Vous êtes dans un restaurant messieurs. Si vous mangez à table vous devez payer votre menu.

- Comment ? Mais mon ami est arrivé trop tard pour réserver une place, il a marché toute la journée et n'a plus rien à manger !

- Laisse, m'interrompt Florian, je vais aller payer, ne t'inquiètes pas pour ça !

- Ah mais non ! Pas question ! Tu ne vas quand même pas dépenser ton argent pour deux malheureuses boulettes de viande !

- C'est comme ça que ça se passe ici, reprend la serveuse.

Je suis tout à coup animé par une colère noire, songeant en passant à la manière déplorable dont on prend soin du refuge du parc dans cette station de *Capanelle*. Ce gîte est un vrai piège à touristes !

Stoïque, Florian se rend au comptoir, bavarde une minute avec le patron du restaurant et revient vers moi pour me rassurer.

- C'est bon, c'est réglé, ne t'inquiète pas me dit-il d'un air las. Je vais te laisser finir ton repas tranquille, moi je vais aller me coucher. Je ne tiens plus debout de toute manière. On se voit peut-être demain pour la prochaine étape si tu veux bien. Merci à toi !

Point besoin d'expliquer aux espagnols la teneur de l'altercation. Ils regardent tous deux la serveuse tout aussi indignés et nous achevons notre dîner en silence. Tandis que les randonneurs commencent à quitter le « restaurant », je vois deux silhouettes familières se diriger vers moi. Leur allure prête à sourire, un couple à la Laurel et Hardy, mais musclés comme des Rambos, bandanas attachés à la Corse en haut du front, la face rougie par le soleil, chacun équipé d'une fière paire de chaussures de l'armée belge solidement attachées à leurs pieds !

- Mais qu'est-ce que tu fais là « cama » ? S'exclame Johan tout sourire !

- On te croyait bien derrière ma caille, reprend Quentin ! Tu es tout seul?

- Et oui ! Pia est restée à Petra Piana hier. Elle a dû

atteindre l'*Onda* cette nuit. Moi j'ai doublé pour avoir une chance de finir dans les temps!

- Mais t'auras qu'à v'nir avec nous cama, s'écrie Johan! Avec ma montre GPS et le topo guide de Quentin on va te faire avionner sur le GR20, tu vas voir !

Nous prenons quelques minutes pour échanger nos anecdotes sur la terrasse du restaurant. Ils me disent avoir fait la rencontre de deux jeunes femmes un peu « rasta » avec qui ils se sont rendus jusqu'au lac de *Bastani* avant de passer à table, le fameux lac émeraude sur les hauteurs de la station et me proposent enfin de me retrouver ici-même à 6 heures du matin pour la suite de l'aventure. Les deux compères me tapent dans la main et se hâtent de retourner à leur camp de fortune pour goûter à un repos bien mérité.

Comment ne pas retrouver le sourire en songeant à leur accent chantant et à toutes leurs expressions hilarantes ! J'en oublierais presque mes misères ! Ceci étant, comme la nuit se met à tomber, je sais devoir consacrer ma dernière heure au soin de mon corps. Comme je pouvais m'en douter, les douches du gîte qui se disaient confortables au comptoir sont d'une saleté rebutante. Le sol est jonché de cheveux et de poils en tous genres, maculé d'une eau vaseuse qui me fait craindre quelque infection, car pour respecter le règlement et les autres randonneurs, j'ai ôté chaussettes et chaussures et les derniers pansements ayant survécus à l'étape titanesque du jour pendent misérablement tout autour de mes pieds comme les bandelettes d'une momie.

Laver et désinfecter mes blessures après ma toilette à l'eau froide d'une douche extérieure est tout un protocole qui me prend un temps conséquent, car il faut que mes pieds aient complètement séché avant que je puisse y appliquer les Compeed. Deux boîtes des précieux pansements sont à peine suffisantes ! Me relevant, je crois l'effet magique ressenti la veille au soir se réitérer. Ou bien je me suis mal soigné, ou bien les plaies se sont aggravées, car j'arrive à peine à me redresser. Rejoindre ma tente dans cet état est une épreuve démoralisante. Avoir du mal à marcher 50 mètres et envisager de parcourir plus de 20 kilomètres le lendemain, c'est insensé !

Comme je m'allonge dans le froid glacial de ma tente, cherchant une position qui épargne à mon dos les cailloux saillants que je sens affleurer sous mon trop fin tapis de sol autogonflant, je pense à cette route qui pourrait me ramener à la ville demain matin. Frottant délicatement mes orteils les uns contre les autres pour faire taire les douleurs lancinantes, je mesure à mes dépends les conséquences de mon manque de prévoyance, l'envers de la bravoure et le prix du mérite.

Mercredi 18 juillet 2018
Huitième jour

Contre la raison même

Point besoin de réveil, car mes yeux sont grands ouverts à l'approche de 5hdu matin. Le mal n'a pas relâché son étreinte ne serait-ce qu'une heure toute la nuit durant. M'extirpant péniblement de mon sarcophage, la face grimaçante à la seule idée de devoir replier mon campement dans l'état où je me trouve, je prends la ferme résolution d'abandonner le périple et de rentrer chez moi avant le soir.

Chacun de mes gestes vacille alors entre soulagement et amertume, tragique et mécanique au milieu des autres randonneurs à qui je m'apprête à dire adieu. Florian, Quentin, Johan, les profs et Pia… Pia que j'ai laissée à *Petra Piana*, pour abandonner seulement deux jours plus tard !

Ma toile de tente et les vêtements que j'ai lavés la veille sont tout humides de la rosée du matin, quelle importance ? J'aurai bien le temps de faire sécher l'ensemble sitôt arrivé chez moi à *Novale d'Alesani* ! Je jette mes affaires pêle-mêle dans mon paquetage, lesquelles débordent de part et d'autres du sac, puis entreprends d'aller me débarbouiller un peu. Le reflet du miroir n'est pas flatteur aujourd'hui et c'est la tête basse que je me dirige vers la cuisine miteuse du refuge du parc. Je crois avoir vu le restaurant de la veille ouvrir ses portes, mais plus question d'y mettre un pied ! Je préfère mille fois risquer le bouton de fièvre en me faisant chauffer mon café sur les vieux feux de la cabane aux horreurs ! D'ailleurs je pénètre dans l'affreuse masure sans précaution, comme on entre dans un hall de gare, quand un bruit émanant de la pièce attenante me fait sursauter. Curieux, je risque un coup d'œil dans le dortoir, me figurant tomber nez à nez avec quelque sanglier égaré. Quelle n'est pas ma stupéfaction de constater la présence d'une jeune fille, laquelle a pris ses aises jusqu'à occuper deux ou trois couches dans la grande largeur ! Une petite tape sur l'épaule me fait alors bondir derechef et je me retourne incrédule sur une autre jeune femme qui me dévisage avec un sourire ensommeillé.

- Salut. Tu viens te faire un p'tit déj' ?

- Oui, je vais faire bouillir de l'eau pour le café. Il me reste justement deux dosettes, je peux t'en faire un si tu veux.

- Oui je veux bien, c'est gentil ! Tu vas vers le sud ou vers le nord ?

- Euh… Le sud ! Enfin, je veux dire… Oui je vais vers le sud. Et toi ?

- Je marche avec elle, me répond-elle en me désignant la dormeuse. On va dans la même direction, mais je ne sais pas si je vais pouvoir repartir ce matin. Hier j'ai déchiré la semelle de ma chaussure et je suis tombée sur les fesses dans une rivière. Ça m'a démoli le coccyx et je n'ai plus un truc de sec !

- Malheur ! Mais tu as dû passer une nuit horrible !

- J'ai connu mieux ! J'aurais mieux fait de rejoindre ma copine dans le refuge, mais tu as vu l'état des couchages ?

- C'est clair ! Je ne sais pas comment elle a fait pour arriver à s'endormir toute seule dans ce bouiboui !

- Tu parles ! Victoire, y'a rien qui l'arrête ! Elle pourrait même dormir par terre ! Mmmmmm ! Ca va me faire du bien de boire quelque chose de chaud ! Merci pour le café !

Anne-Emmanuelle n'a rien d'un mannequin d'Elite. Ses cheveux blonds en bataille tout emmêlés forment quelques ægagropiles de-ci de-là, ses pommettes rougies par le soleil et son allure dépenaillée lui donnent l'air d'une vraie aventurière. C'est une athlète, à la silhouette musculeuse, qui semble peu se préoccuper de son apparence physique, mais dont le sourire à quelque chose de chaleureux.

Nous finissons tous deux de boire nos cafés, puis nous nous souhaitons tout simplement de pouvoir nous revoir à la fin de l'étape en soirée. Je n'ai pas eu le cœur de lui parler de mon intention d'abandonner. C'est tellement décevant d'être si près du but et de devoir renoncer ! Tandis que l'aube éclaire la station de *Capanelle* d'une lumière tamisée, je constate que la petite tente de Florian a déjà disparu du décor. Comme à son habitude, il a dû partir le premier. J'espère qu'il finira le GR20 sans encombre et qu'il pourra rejoindre sa copine à temps. L'heure fatidique de faire mes adieux à Johan et Quentin approchant, je descends la piste caillouteuse qui me sépare de la terrasse du restaurant sur les talons, récupère mon piteux barda et entreprends de faire charger mon téléphone à une prise disponible dans un petit chalet en bois. Si je fais du stop toute la journée en direction de *Calenzana*, il va m'être d'un précieux secours !

Mes yeux s'imprègnent de chaque détail du paysage, identifient le début du sentier et le suivent, mélancoliques, jusqu'à perte de vue. Je m'empare de la carte de mon père et constate que l'itinéraire croisera des routes carrossables à plusieurs reprises jusqu'au refuge de *Pratì*, le point de non-retour se trouvant au refuge du col de *Verde*.

- Salut cama, tu es prêt ? Me questionne Quentin en m'arrachant à mes pensées. Johan a encore deux ou trois trucs à plier. Suis-moi, le chemin passe juste derrière notre camp de toute façon.

Je fais mon possible pour lui emboîter le pas, masquant mes grimaces derrière un sourire forcé et me voilà arrivé au départ du GR20 en quelques enjambées. Johan vient à ma rencontre et me fait une accolade si démonstrative que je manque de peu de perdre l'équilibre.

- Ça va passer finger in the nose jusqu'à *Pratì*, s'exclame-t-il gaiement ! Après faudrait voir si on ne pourrait pas dormir dans une bergerie pour en faire une et demi!

- Hé ho ma caille, faut pas qu'on attende les rastas ? lui demande Quentin.

- Les rastas ?

- Oui, me répond Johan, des nanas très sympas avec qui on a marché hier. On avait dit qu'on marcherait peut-être ensemble encore aujourd'hui.

- Je crois qu'elles vont rester à *Capanelle*, elles ne sont pas pressées de finir et elles avaient besoin de se reposer un peu.

- Bon alors let's go camas ! Hurle Johan.

Et voilà mes deux amis belges s'élancer à pas cadencés sur le sentier. Je n'ai pas eu la cœur de leur parler de mon intention d'abandonner. Tandis que je me tourne une dernière fois vers la station, je distingue les deux sportifs espagnols en train de finir leurs préparatifs me faire de grands gestes d'encouragement.

- Allez Jean-Ba ! Quand on fait trente, on fait trente et un, me dis-je subitement à voix haute pour reprendre une énième expression de mon père ! Marchons encore un peu jusqu'à *San Pedru* !

Je resserre d'un cran mes godillots à la hâte, tire sur les sangles de mon sac pour le coller à mon dos et fais cap sur le sud en direction du refuge de *Pratì* !

Me voyant à la traîne, Johan et Quentin ont subrepticement ralenti leurs pas. Quant aux miens, ils sont rythmés par des prières que je chuchote dans mon coin pour me donner du courage, demandant entre autre au Bon Dieu qu'il m'affranchisse du mal et me permette de tenir le coup. Conjuguées aux Compeed ainsi qu'à la magie de l'effort, mon corps se remet en route aux environs des bergeries de *Tragette*, à l'instar d'un muscle courbaturé et mes douleurs reculent à mesure que je progresse dans la forêt.

Sur un large chemin ombragé, où seuls quelques troncs

nous barrent le passage par endroit, la randonnée matinale se fait sans encombre. Au secret des grands hêtres, l'endroit est idéal pour faire plus amplement connaissance. Johan se confie sur les projets de rénovation de la maison qu'il habite à Liège avec sa compagne, Quentin pense déjà à ses futures missions en Afrique. Tous deux ont des vies plus ordinaires qu'il n'y paraît. Ils se sont engagés pour se rendre utiles aux autres et assouvir une envie d'ailleurs.

- Et pendant les vacances camas, y'a bien qu'un soldat belge pour se faire un raid en pleine nature comme ceux qu'on fait pour le boulot, ironise Johan !

- Quand je pense qu'on aurait pu bronzer bien tranquille sur les plages mon gars, renchérit Quentin !

Ces deux-là n'ont certes pas laissé leur humour en Belgique, mais au fond je vois à leurs regards qu'ils se délectent tout comme moi de ce périple extraordinaire dans la Corse sauvage, contemplant avec plaisir les reliefs et les paysages, s'amusant à débusquer les sources cachées dans la forêt. Johan possède une montre qui lui indique notre progression et notre altitude au centimètre près, quand Quentin analyse son topo guide tel un commando en mission. Ils sont tous deux si précis que je me figure parfois tomber nez à nez avec l'ennemi au détour du sentier ! Le fait est que leurs indications me permettent de mieux gérer mes efforts et nous arrivons assez vite à *San Pedru*, en fin de matinée.

Arrivé au col de *Verde*, une partie non négligeable des 900 mètres de dénivelé a déjà été gravie, mais il reste la principale, l'ascension du sommet *Bocca d'Oru*, qui s'annonce très rude à découvert, car le soleil sera au zénith et les arbres de plus en plus rares à l'approche des deux milles mètres d'altitude. Mon corps a tenu bon, mais ce dernier défi pourrait donner l'estocade à mes pieds, dont les douleurs se sont un peu atténuées mais perdurent, irrépressibles. Le refuge du col de *Verde* est aussi le dernier échappatoire avant longtemps, car les prochains refuges après *Pratì* seront très isolés. Au cours de la matinée, nos pauses ont rendu mes redémarrages chaque fois plus difficiles, alors je laisse mes compagnons de route se désaltérer à l'eau fraîche d'un point d'eau et leur fait signe que je continue pour ne pas perdre le rythme. Ils me regardent un peu perplexes, ne comprenant pas pourquoi je me prive de la possibilité de récupérer avant d'affronter la dernière montée.

À la vérité, il me faut serrer dents et lacets pour marcher à peu près normalement. Mes malheureux bâtons un peu cabossés aux jointures me sont heureusement d'une aide précieuse et j'atteins finalement l'orée du bois sans trop retarder les militaires. Johan qui tient à ménager ses pieds, ferme la marche et arrive rouge comme un pébron au pied du sommet. Tandis que mes deux amis belges se tartinent de la crème dans le dos en rigolant comme des baleines, je lève les yeux sur la muraille dentelée de rocs déchirant le ciel. Comme nous voyons se profiler les circonvolutions du chemin jusqu'au sommet de là où nous sommes, nous convenons d'un commun accord de nous retrouver en haut. Johan amorce un démarrage précautionneux mais ne tarde pas à me distancer. Il l'est lui-même de plusieurs encablures par un Quentin dont les ressources font montre pour la première fois de leur plein potentiel. Il « avionne » tel un lynx véloce et agile, bondissant sur les cailloux et les touffes d'herbe bordant le chemin. Depuis toutes ces longues heures de marche faites ensemble, depuis le point de départ de ce GR20, Quentin chemine en équipe et attend, humble et tranquille, sans jamais laisser transparaître la moindre impatience ni formuler la moindre parole désobligeante. Le voyant ainsi déployer ses forces, je réalise qu'il aurait déjà pu fouler le sol de *Conca* s'il avait marché seul depuis *Calenzana*. Quant à moi, je suis aux prises avec moi-même et mettre un pied devant l'autre dans cette montée infernale me demande un effort colossal.

Après Quentin, c'est au tour de Johan de disparaître derrière la montagne et de me laisser seul dans ce décor d'une beauté et d'une désolation effrayante. Pia me suggérait a l'approche de *Petra Piana* que parcourir 180 kilomètres de randonnée d'une traite en si peu de jours, quand même au fond, c'est un peu long… Comment lui donner tort en pareil instant ? Je me débarrasse de mon gros sac, lequel tombe par terre comme une brique en faisant un bruit sec sur les cailloux. Il n'y a plus rien à manger à l'intérieur, juste un fond de bouteille pour me désaltérer. Comme je n'ai pas pris la précaution d'étendre mes vêtements humides sur les élastiques latéraux, ils doivent avoir une odeur rance, ainsi que ma toile de tente qui pendouille dans son étui recouvert de poussière. Mon corps ruisselle d'un liquide poisseux combiné de crème solaire et de sueur boueuse, mes épaules sont recouvertes de petites blessures purulentes creusées par les lanières de mon sac ; quant à mes pieds, ils semblent avoir triplé de volume dans mes chaussures et mon dos a la texture rigide et fragile d'un vulgaire bout de carton usé. Que reste-t-il de l'impétueux randonneur qui se figurait au premier jour pouvoir doubler une étape sur deux ? Quelques misérables cloques sous les pieds auront eu raison de mon arrogance !

Une inspiration profonde fait entrer dans mes poumons enflammés l'air brûlant du dehors et je m'affale dans le sens de la pente de tout mon long…

Lorsque que je rouvre les yeux, je ne saurais dire combien de minutes se sont écoulées, mais le cours instant de repos que je me suis accordé a été salutaire. Après seulement dix minutes de marche sur un rythme plus soutenu, le sommet qui se dérobait à ma vue se laisse enfin fouler au pied, dévoilant le littoral oriental en pleine lumière. Quentin et Johan semblent avoir compris quel effort il m'a fallu déployer pour vaincre la *Bocca d'Oru*, ils m'offrent une ovation et viennent me taper sur l'épaule pour me féliciter. Nous sommes tous trois comme posés sur la frontière entre deux mondes, les montagnes fières conquérant le paysage au nord-est, la mer Tyrrhénienne brillant au soleil de l'autre côté.

Tout à notre contemplation, nous sommes rejoints par les deux athlètes espagnols de *Capanelle*, lesquels m'adressent une salutation couplée d'un long récit dont je ne comprends pas le traître mot. J'en suis vraiment contrit car sauf erreur de ma part, ces deux randonneurs semblent animés de bonnes intentions. Nous nous remettons en route sans plus tarder, car il n'est pas encore 13 heures, mais nous mourrons de faim ! Aussi ne faisons-nous qu'une bouchée du dernier kilomètre qui nous sépare de *Pratì,* sur un chemin sillonnant un vaste plateau recouvert de pelouses verdoyantes.

Quelle brillante initiative que d'avoir reconstruit ce refuge ! Simple, rustique et de bonne facture, c'est l'endroit idéal pour savourer un apéritif entre amis. Je fais signe aux deux espagnols de se joindre à nous pour boire un verre, mais ils sont tous deux frais comme des gardons et semblent impatients de poursuivre leur chemin.

Tandis que mes amis belges et moi entrons dans le réfectoire, le gardien se fait connaître par la lorgnette d'une petite lucarne de bois qui s'ouvre en grinçant sur ses gonds. Il n'est pas très souriant, c'est le moins qu'on puisse dire et avec son chapelet de tatouages sur les bras, il ressemble bien davantage à un ancien forçat qu'à un maître d'hôtel. Il nous régale cependant d'un encas délicieux à un prix des plus raisonnables, en nous encourageant à passer la nuit sur place, non sans une certaine délicatesse.

- Dans mon guide, déclare Quentin, il est écrit qu'il y a des bergeries où l'on pourrait dormir à deux ou trois heures de marche d'ici en direction d'*Usciolu*, c'est toujours le cas ?

- Si t'as pas peur de te prendre un plomb dans le cul tu peux y aller tant que tu veux, lui répond le gardien ! Le problème, c'est que ces bergeries elles appartiennent à des gens tu vois et ces gens-là ils n'aiment pas vraiment qu'on vienne s'installer chez eux. Après, si tu préfères dormir à la belle et payer une grosse prune au parc, c'est comme tu veux !

- On aurait payé pour la nuit dans la bergerie, précise Johan.

- Et à qui *pinzutu* ? L'interroge vivement le gardien. Le propriétaire, il va pas t'attendre exprès que tu aies fini ta balade oh !

Nous échangeons tous trois un regard amusé en vidant nos verres du délicieux vin rouge que Johan vient de nous offrir, puis d'un commun accord nous allons nous étendre dans l'herbe pour deviser un peu au soleil.

- Alors ma caille, qu'est-ce qu'on fait ? Demande Quentin à son compatriote.

- Si le patron dit vrai, on n'a pas vraiment d'autre solution que de tenter de doubler jusqu'à *Usciolu*, mais il est déjà tard et ça va nous faire loin je pense.

Je n'ose piper un mot, mais il va de soi que si mes amis belges repartent, je ne pourrais pas les accompagner. J'ai profité du grand soleil pour libérer mes pieds meurtris de mes godillots et m'allonger dans l'herbe de tout mon long, jubilant intérieurement de ce moment d'extase où mon corps peut enfin faire taire ses plaintes. Je prie pour que Johan et Quentin décident de rester ici pour la nuit, sans toutefois chercher à les influencer à le faire, ils ont déjà perdu tant de temps à m'attendre aujourd'hui !

Tout à leurs réflexions et la digestion du vin rouge aidant, mes compagnons de route se laissent aller à faire une petite sieste au soleil, laissant le choix du programme en suspens. Tandis que l'heure tourne, je vois Victoire et Anne-Emmanuelle en train de nous rejoindre en levant haut les bras.

- He ho ! Regarde ma caille s'écrie Johan, y'a nos copines rastas qui sont là !

Je ne peux étouffer un petit éclat de rire en faisant l'association entre le récit de mes deux amis belges et ma rencontre avec Anne-Emmanuelle le matin même. Les fameuses rastas, ce sont-elles ! Comment n'y ai-je pas pensé plus tôt ?

La pauvre Anne-Emmanuelle a toujours un peu mal au derrière et elle a presque dû marcher nu-pieds tant ses chaussures se sont décousues, quant à Victoire, elle est encore plus ébouriffée que sa copine. Les fiers soldats belges les accueillent chaleureusement et leur racontent notre périple du jour. Après une longue discussion sur un coin de table aux abords du refuge, Johan se tourne vers nous et déclare :

- Bon, les camas, il se fait tard. On va poser l'barda et monter le camp avant qu'on nous pique toutes les bonnes places !

Je ne me sens plus de joie ! D'un bon je m'empare de mes affaires, m'acquitte de mon droit de bivouac et cours planter ma tente à côté du campement des militaires. Leur organisation force le respect, car l'ensemble est monté en un tournemain. Le problème, c'est que le camp en question est tout de même des plus sommaires : une vulgaire toile tendue sur un fil, plantée dans le sol grâce aux pointes de leurs bâtons, sous laquelle ils installent tapis de sol et duvets pour dormir. Tandis qu'une vache vient brouter à quelques mètres et qu'une nuée d'insectes en tous genres vient voleter au-dessus de leurs têtes, je me dis qu'il ne doit pas être facile tous les jours d'être un vaillant soldat belge ! Heureusement, ils ont l'art de faire face à toutes les éventualités. Johan sort un tube de citronnelle de son paquetage et s'en recouvre le torse avant de s'allonger dans l'herbe pour faire bronzer abdos et pectoraux. Quentin lui emboîte le pas et j'entends quelques minutes plus tard à peine les deux camas dormir du sommeil du juste.

Comme mon propre camp est enfin monté lui aussi et que le soleil fait son œuvre pour faire s'évaporer de ma toile la rosée tenace du petit matin, j'entreprends d'aller me laver à l'eau glacée d'un vulgaire tuyau, installé négligemment dans un cagibi sans lumière, s'ouvrant fort heureusement sur une vue mer époustouflante.

Je me lance ensuite dans une lessive générale à l'eau claire de la source du refuge. Le débit de la fontaine est d'une grande aide pour récurer mes piteux habits et dans un festival de bulles colorées, émanant toujours du précieux savon de ma mère, ils retrouvent enfin un aspect présentable sur la corde à linge communautaire.

Tout en regagnant mon campement, je prends un plaisir ostensif à laisser mes orteils s'ébattre dans l'herbe tendre. Après avoir bravé l'étape du jour et mis de l'ordre dans mes affaires, j'ai comme le sentiment du devoir accompli et je trouve le moment bien choisi pour imiter mes compagnons de voyage, dont les ronflements continus sont une invitation à la récupération. M'allonger dans ma petite tente à l'abri de ma moustiquaire, sur un sol cotonneux, dans le calme imperturbable de ce plateau verdoyant de *Pratì*, suspendu au sommet de ces terres orientales que j'affectionne tant, m'assoupir dans ces lieux, est un pur ravissement…

Il s'écoule une bonne heure avant que je ne me réveille. Risquant un regard hors de ma tente, je constate l'absence de mes amis belges, probablement affairés aux tâches incontournables qui m'avaient accaparé préalablement. Cette sieste a eu un effet régénérateur et je me redresse de tout mon long en arborant un large sourire. Comme je cherche des yeux la silhouette de mes amis près de la source, je m'arrête sur une tente à l'aspect désormais familier. Tel un yoguiste aguerri, Florian s'étire juste devant. Il interrompt brusquement un mouvement ample du bras qu'il accomplissait en équilibre sur un pied tandis qu'il m'aperçoit, puis bascule légèrement vers l'avant.

- Hey ! Tu ne devais pas doubler toi, aujourd'hui ?

- J'aurais bien aimé, mais là vraiment je n'en peux plus. Et toi, ça va mieux ta contracture ?

- Un peu mieux, me dit-il en serrant sa cuisse dans la pomme de sa main, mais hier j'en ai bavé ! En m'arrêtant ici je ne pensais plus te voir.

- Et bien tu vois c'est bien comme ça. Je peux me joindre à toi pour les étirements ?

Florian accepte de m'intégrer à son programme en me montrant un coin d'herbe à sa gauche. Alors que le soleil amorce son déclin, les ombres de nos silhouettes ont des allures de combattants reproduisant à l'unisson les techniques d'un Kata. Mon corps se meut lentement et je réalise combien est salvateur le repos que m'a offert mon renoncement à doubler l'étape. Au fond, quand j'y pense, c'est déjà si incroyable d'être arrivé jusque-là aujourd'hui !

J'ai enfilé une simple paire de chaussettes pour ralentir l'érosion de mes pansements sans toutefois comprimer mes orteils et je me sens presque bien. À l'approche de 19h, il ne manque qu'un petit encas arrosé pour rendre ce début de soirée tout à fait agréable. Je prends l'initiative d'emprunter un paquet de cartes à une famille résidant dans une tente voisine et organise un Kems avec mes compagnons de route. Victoire et Anne-

Emmanuelle se joignent à nous, elles animent la soirée à l'aide d'une petite enceinte et nous parlent un peu de leur vie. Victoire sera bientôt kiné et Anne-Emmanuelle est sur le point de finir ses études pour devenir dentiste sur Paris. Bref, deux têtes ébouriffées, mais qui fonctionnent à plein régime, deux aventurières tout sourire qui semblent se délecter de chaque instant ! Adeptes de la course à pied et amatrices d'athlétisme, elles disposaient d'une solide préparation physique pour prendre le GR20 d'assaut et comme l'inconfort ne les rebute pas, je les imagine bien atteindre la fin du chemin dans les prochains jours. Seul obstacle de taille : la chaussure d'Anne-Emmanuelle, pour qui une bonne nuit de repos ne saurait améliorer l'état !

Johan se prend au jeu et nous remportons notre partie de Kems haut la main. Plusieurs autres randonneurs sont venus assister à la partie et profiter de la fête, où les délices de *Pratì* s'échangent dans la bonne humeur autour d'une table bien garnie de fromage, de pain et de vin.

- Ben Cama ! S'écrie Johan en s'adressant à Quentin, toi t'as une de ces descentes mon gars ! Ça m'ferait peur d'la caler à vélo !

Tous les convives éclatent de rire à l'unisson en voyant Quentin le visage cramoisi hoqueter tandis qu'il finit une bouteille au goulot. C'est alors que je sens deux petits bras s'enrouler autour de ma taille. Je ne me retourne pas aussitôt, me demandant si je ne suis pas en train de rêver. Je reconnais cette présence, il y a dans ces petites pognes comme une tendresse, une délicate sensation de douceur et d'amitié.

Elle est là, devant moi, le visage presqu'aussi rouge que celui de Quentin, ses jolis traits trahissant les efforts qu'il lui a fallu déployer pour atteindre *Pratì* en toute fin de soirée.

- Toi, tu vas mieux on dirait ! Me dit-elle avec un sourire en coin.

- Mais Pia ! Comment tu as fait ?

- Facile ! J'ai marché toute la journée ! Passer par les crêtes hier depuis *Petra Piana* avec les profs était beaucoup plus court. On est arrivé assez vite à L'Onda, mais Fredo avait mal à ses genoux et ils ont préféré y passer la nuit pour goûter les lasagnes. Moi, j'ai continué avec Romain et Clément, deux jeunes frères qui ont eu la gentillesse de me tenir compagnie jusqu'à *Vizzavone*. Aujourd'hui, j'ai doublé *Capanelle* !

Doubler *Capanelle* ! L'exploit me paraît pharaonique ! Pia a enchaîné deux des plus longues étapes du GR20 ! Et la voilà qui soutient mon regard étourdi avec orgueil.

- Bon ben, je vais voir s'il reste encore une place pour moi au refuge. On se voit demain? Passe une belle nuit JB !

Elle dépose un baiser furtif sur un coin de ma barbe et remet son gros sac bleu sur ses épaules comme si de rien n'était, puis se dérobe à ma vue dans les ténèbres endormies du refuge.

Moi j'ai les yeux écarquillés. Quelle bonne idée avons-nous eu de demeurer à *Pratì* pour y passer la nuit !

Quand je reprends mes esprits, toute la tablée rassemblée pour le dîner est allé dormir et je vois Florian regagner sa tente à son tour.

- C'est quoi ton programme de demain ? Tu penses doubler, me dit-il tout en ouvrant la fermeture éclair de sa tente ?

- Je ne crois pas non, ça dépendra de mon état. J'ai déjà eu du mal à arriver jusqu'ici. Demain on verra bien.

- Alors je crois qu'on ne se reverra plus, me dit-il d'un air contrit. Il faut que j'arrive à *Conca* après-demain. Ou bien je triple ou bien je m'arrête.

- Je suis aussi pressé par le temps, mais vu l'état de mes pieds, je m'estimerais heureux d'arriver à *Usciolu* avant demain soir. Je te souhaite bonne chance. J'ai été ravi de marcher avec toi Florian !

- Moi aussi ! À une prochaine, qui sait ?

Dans la tourmente des sentiments contraires, je rejoins ma tente et me calfeutre dans mon duvet. À ma gauche, Quentin et Johan sont déjà profondément endormis. Bien au chaud dans mon duvet, je ne tarde pas à les imiter, m'assoupissant au beau milieu d'une prière, le corps débarrassé de ses supplices, mais l'âme et le cœur en péril.

Jeudi 19 juillet 2018
Neuvième jour

Le quatuor

J'ai dormi comme un loir et me réveille à une heure tardive en même temps que le soleil. Lorsque je risque un œil au dehors, je constate que le campement spartiate de mes deux amis belges a déjà disparu, à l'instar de celui de Florian et c'est à la hâte que je replie ma tente et réunis mes affaires. Tandis que je m'aventure boitillant dans l'herbe trempée par la rosée pour recueillir mon linge propre à l'étendoir, Quentin m'adresse un salut amical et vient à ma rencontre.

- Toi mon gars t'as mal aux pieds, pas vrai ? Me demande-t-il sur le ton de la confidence.

- Ça va mieux qu'hier, mais mes pansements se décollent et je n'ai rien pour les remplacer.

- Le problème c'est qu'il n'y a rien ici. Tu en trouveras peut-être à *Usciolu.* À ce qu'il paraît y'aurait un genre de petite boutique là-bas. Si t'en trouves pas, tu me dis. Moi j'ai un truc.

- Dis Quentin, est-ce que tu verrais un inconvénient à ce que Pia…

- Te bile pas, m'interrompt-il ! Elle peut nous suivre si elle a la caisse. Dis-lui qu'on part dans 15 minutes !

Je resserre mes supplicieuses chaussures d'un cran et cours plonger ma tête dans le billot de bois évidé servant de réceptacle à l'eau de la source. Quand j'ai parachevé mes préparatifs et avalé une petite compote en guise de petit déjeuner, je constate que Pia m'attend à l'entrée du refuge. Elle semble s'être bien reposée elle aussi et me paraît fin prête pour un nouveau défi.

- Tu marches avec nous aujourd'hui ?

- Oui, si ça ne vous dérange pas, me répond-elle en m'adressant un sourire. Vous comptiez dormir où cette nuit ?

- Quentin et Johan ont envie de s'arrêter dans une bergerie privée pour aller le plus loin possible.

- Ça me va. Tant pis pour mes réservations, je suis

pressée de rentrer chez moi.

- Si on arrive à *Usciolu*, on aura atteint la douzième étape sur les quinze de mon guide. Ils l'annoncent en moins de six heures de marche. Si on ne traîne pas, on devrait y être avant midi.

- Salut les tourtereaux, s'exclame Johan. Vous êtes ready ?

- Les rastas vont rester ici, précise Quentin. Les godasses d'Anne-Emmanuelle ont rendu l'âme et elles vont essayer de trouver une solution avec l'ancien taulard !

- Sympa le gardien quand même, reprend Johan. Il n'a pas fait l'école hôtelière, mais il nous a reçu comme des rois !

- Sans parler de son pinard, hein cama ? Le taquine Quentin.

Les deux soldats se tapent sur le ventre et entament la douzième étape de ce terrible GR20 en riant de bon cœur. Pia leur emboîte le pas sans attendre et moi, traînant la patte, je redouble d'efforts à l'arrière pour ne pas me laisser distancer.

Certains de mes orteils semblent être en bonne voie de guérison, mais je sens affleurer d'autres plaies en différents endroits. Fort heureusement, comme à l'accoutumée, la marche apaise mes sensations douloureuses. En quelques enjambées, nous laissons derrière nous le plateau paradisiaque de *Pratì*, pour gravir une ligne de crête qui nous donne d'admirer la plaine orientale ainsi que la mer Tyrrhénienne, brillant sous les feux du soleil rougeoyant de l'aurore. Sur ma gauche, affleure tout à coup la dent bien reconnaissable du *San Pedrone*, point culminant de la *Castagniccia*, surplombant le village de *Verdese* où a grandi mon arrière-grand-père maternel. Ce petit repère posé au loin sur un trait d'horizon est comme un chaînon manquant qui me donne de relier géographiquement les étapes parcourues et celles à venir. Il est si loin derrière nous qu'il me permet de réaliser la distance que nous avons parcourue depuis *Calenzana*. Près de 120 km et 8000 mètres de dénivelé, presque l'altitude du toit du monde !

Pia impressionne l'équipée par son allure, laquelle rythme les pas de notre quatuor, car elle en a pris la tête et ni ne s'arrête, ni ne faiblit. D'ailleurs les petites pauses que je m'octroie pour me désaltérer me coûtent à chaque fois plusieurs centaines de mètres assez difficiles à rattraper. Nous arrivons sans encombre à *Punta Capella*, point culminant de l'étape à 2041 mètres, en faisant bien attention à nos chevilles dans des passages escarpés. Comme le sentier est sinueux, il arrive parfois que Pia perde son chemin et soit suivie sur quelques dizaines mètres par Johan et Quentin, lesquels se servent aussitôt de leurs outils de repérage pour nous remettre sur les rails. Privés de réseau et de repères probants, nous faisons le plus grand écart à l'approche du col de *Laparo*, en bifurquant par inadvertance sur le *Mare a Mare* en direction de *Cozzano*. Je peux enfin mettre mes compétences intuitives, indispensables à l'éternel distrait qui a l'habitude de se perdre en montagne, au service du groupe et je retrouve assez vite le GR20 derrière la porte dérobée de deux grandes parois de granit, quelques dizaines de mètres au-dessus.

Malheureusement, comme nous entrons dans la forêt, je sens mes voûtes plantaires bouillir et je ne suis pas fâché d'entendre Johan nous dire que le refuge *D'Usciolu* sera bientôt en vue.

Franchement, j'ai tout de même du mal à le croire, car la montagne semble être tout à fait sauvage à cet endroit. Nos amis belges que la faim tenaille forcent soudain la cadence et nous sèment assez vite. Pia et moi sommes également surclassés par une bande de coureurs incongrus, équipés sommairement de petits sacs gringalets, courant à toute vitesse sur un chemin serpentant en lacets sur un fort dénivelé descendant.

Contre toute attente, une petite toile fuchsia installée à flanc de coteaux de la montagne colore enfin le maquis et nous voyons progressivement apparaître les trois petits bâtis que compte le refuge *d'Usciolu,* au milieu d'une vingtaine d'autres petites tentes disséminées à droite, à gauche, aux seuls endroits à peu près plats creusés dans le dévers.

Il n'est pas encore midi quand Pia et moi rejoignons les autres randonneurs. Quentin et Johan ont étalé leurs vêtements et leurs chaussettes trempés de sueur au soleil et se sont attablés autour d'un maigre quignon de pain en nous attendant.

Ils font face depuis une bonne dizaine de minutes aux regards hautains des coureurs que nous avons vu nous dépasser dans la descente. Ces derniers ont procédé à l'exposition de leur musculature au soleil, lunettes noires posées en serre-tête sur des coupes en brosse enduites de gel, la bouche en cœur pour expirer des ronds de fumée sur nos deux soldats belges qui les regardent frimer imperturbables.

- Vous en êtes déjà à votre neuvième jour ! S'écrie l'un d'entre eux pour provoquer nos amis. Qu'est-ce que vous avez mis dans vos sacs, des cailloux ?
- On a pris ce qu'il faut pour bivouaquer en cas de besoin, lui répond Quentin d'une voix neutre. On pensait aller ce soir jusqu'à *Matalza* pour prendre de l'avance sur l'étape de *Bavella.*
- Nous on part pour tripler je pense. On sera à *Conca* demain midi !
- Ok, bonne chance alors ! Lui répond Johan en nous faisant signe de le suivre.

Il nous guide vers une petite caverne d'Ali Baba où chaque article vaut son pesant d'or. Le ventre creux, tout nous y fait envie et je ressors du magasin avec une pastèque dont je régale mes amis. Chacun achète un petit quelque chose et le met en commun.

La note est un peu salée, mais nous faisons un festin si délicieux de ces nouvelles denrées que cela est vite oublié. Seuls, à l'exception des gardiens du refuge, nous investissons ensuite la terrasse en bois *d'Usciolu* pour en faire un solarium improvisé et goûter au plaisir d'y faire une bonne sieste digestive.

Je suis le premier à émerger de ma torpeur, un peu angoissé à l'idée d'avoir à soigner mes pieds, car la boutique *d'Usciolu* était malheureusement à court de pansements. Ainsi que je le redoutais, la plupart de mes *Compeed* restent collés à mes chaussettes et je découvre sans surprise plusieurs autres cloques derrière mes talons et tout autour de ma voûte plantaire. Comme je rince longuement mes plaies au déversoir de la source, Quentin s'approche avec un rouleau de sparadrap qu'il me tend en regardant le musée des horreurs de derrière mon épaule.

- Tiens cama ! Me dit-il. Il te reste du PQ ?
- Oui, tu en veux ?
- C'est pour toi que je demande. Tu nettoie bien tes cloques et tu mets proprement une petite couche de

PQ dessus. Après tu le colles avec ce *Tap* en serrant un peu. Ça va aller mieux tu vas voir.

N'ayant pas vraiment le choix, je m'exécute en m'y reprenant à plusieurs reprises, les épaisseurs de papier hygiénique formant à chaque fois des protubérances encore plus douloureuses par endroits au moment de remettre mes chaussures.

Alors que mes trois compagnons de route se sont bien reposés et sont prêts à repartir, je pense enfin avoir trouvé le bon compromis et me surprends à m'élancer plus aisément à l'assaut d'un doublage d'étape, performance qui était hautement improbable au regard de l'état médiocre dans lequel je me trouvais au matin ! Je bénis intérieurement l'intervention de Quentin, sans laquelle j'aurais été obligé de passer seul la nuit à *Usciolu.* J'aurais été mortifié si j'avais dû voir disparaître mes trois amis derrière la ligne de crête. Heureusement, c'est en leur compagnie que je franchis *Punta Di a Scadatta,* non loin d'un rocher en forme de main qui semble arborer le « V » de la victoire.

Chemin faisant, nous changeons peu à peu de cadre, entrant dans une épaisse forêt verdoyante. Nous dévalons une belle pente parmi les hêtres jusqu'à une clairière où coule une source d'eau glacée. C'est le moment rêvé pour faire un brin de toilette, prendre un petit goûter avec les restes de nos victuailles et nous désaltérer. Au moment de repartir, qu'elle n'est pas notre étonnement d'entrapercevoir les fiers coureurs du matin se ruer sur leurs défroques en nous voyant approcher !

- Vous avez vu camas, s'écrie Johan en pouffant de rire, y'a les chasseurs alpins qui font bronzette en slips !

Mine de rien, nous forçons le pas tandis qu'ils se rhabillent et leur passons devant suffisamment tôt pour qu'ils n'aient pas le temps de se rendre présentables. Au jeu du lièvre et de la tortue, voilà les fers de lance de l'armée française incliner la tête sur le passage de nos chers soldats belges, que je jurerais voir lever un tantinet le menton. Le paquetage de nos amis est certes aussi leste que s'ils l'avaient chargé de pierres et leurs pas s'adaptent modestement au rythme des nôtres, mais c'est en équipe que ces deux-là parcourent le GR20 et je mesure en toisant à mon tour nos prétentieux compatriotes le privilège qui est le mien de cheminer aux côtés de Johan et Quentin.

D'ailleurs notre petite équipée à jusque-là fonctionné à merveille et voyant au loin le plateau de *Cuscionu*, nous nous figurons pouvoir brûler encore une étape jusqu'à la bergerie d'*i Crochi*. Le sentier se sépare subitement en deux et nous prenons à droite jusqu'à un petit coin de rivière où nous décidons de faire une dernière halte. La montre de Johan semble indiquer que nous avons le temps de nous y baigner un peu. L'eau est si claire que je ne peux résister. Il y a encore assez de Tap pour refaire mes pansements, alors je plonge et barbotte dans l'eau glacée du torrent. Une bonne demi-heure s'écoule avant que les bronzeurs alpins ne nous rattrapent à nouveau de leur air supérieur.

Nous cheminons ensuite dans leur sillage sur un sentier montant, large et agréable, dans une forêt dense jusqu'à un alpage où quelques touristes annoncent de leur présence incongrue la proximité de la bergerie de *Matalza*. Un gros 4x4 vient d'ailleurs nous gratifier d'un beau nuage de poussière pour nous y accueillir.

- Aller les gars, vous êtes presque arrivés, c'est juste derrière !

Sur ces entrefaites, deux des fameux chasseurs alpins viennent à notre rencontre avec l'air un peu ahuris.

- Ah salut ! On s'est arrêté à la bergerie mais on a eu un petit souci avec notre carte bancaire et on n'a pas assez pour payer la nuit !
- Tiens c'est bizarre, lui dis-je avec le même air volontairement ahuri. Vous n'étiez pas censés tripler l'étape ?
- Ben ouais, mais bon, il se fait tard, nous répond-il penaud. Si vous dormiez là vous aussi, on se disait peut-être que…
- Non ! S'exclame Quentin. Nous on va continuer jusqu'à la prochaine bergerie. Il paraît qu'ils y font de ces lasagnes mon gars !

S'appuyant de tout son poids sur ses bâtons, Quentin s'élance de l'avant en nous faisant signe de le suivre et nous fait dépasser *Matalza* au pas de course. *I Crochi* est encore à 30 bonnes minutes de marche au pied du mont *Incudine* et il a peur de rater les lasagnes !

Johan parvient à suivre la cadence, mais Pia et moi ralentissons dans la montée. Le chemin serpente dans un paysage aux allures de golf pour milliardaire, l'herbe d'un vert éclatant seulement tranchée par un torrent cristallin.

- Tu tiens le coup ?
- Oui, me répond-elle. C'était long aujourd'hui, mais on a bien avancé. D'après mon guide, on est seulement à une ou deux heures à peine *d'Asinau,* on a presque triplé l'étape, tu te rends compte ?
- Oui, je vais peut-être arriver à finir le GR20 dans les temps finalement.
- Moi je me motive en me disant que chaque pas me rapproche de ma famille. Ils me manquent, j'ai l'impression que ça fait une éternité que je suis partie.
- J'aimerais bien revenir avec mes enfants un de ces jours. Sans faire le GR20 en entier, on peut atteindre certains endroits en voiture par des pistes ou des petites routes communales. Ça pourrait être sympa de revoir tous ces beaux paysages.
- Tiens regarde !

Derrière la cime des grands arbres brillent tout à coup des panneaux solaires posés sur le toit d'une petite bâtisse en béton. Johan et Quentin nous font de grands signes un peu plus loin pour nous indiquer l'aboutissement de notre parcours du combattant.

Nous sommes accueillis très chaleureusement par Ludo, qui se plie en quatre pour faire de notre séjour dans sa bergerie un moment en tous points parfait. Les couchages sont à peu près semblables à ceux des autres refuges, de même que les sanitaires et le réfectoire, mais ce qui mijote dans les casseroles de la cuisine promet d'être absolument délicieux. Nous optons tous pour le menu royal : entrée, lasagnes, dessert et vin pour moins de 20€. Ce dîner est un moment exquis, au cours duquel nous faisons la connaissance de Guy, un charpentier à la retraite de 64 ans, parti seul sur le GR20. C'est un gai luron peu avare de blagues, qu'il distille à table en provoquant l'hilarité générale. Le repas est à la hauteur des attentes de nos amis les belges. La mine réjouie, ils redemandent des lasagnes, qui glissent dans leurs gosiers grâce à plusieurs litrons de rosé.

Alors que je vais m'acquitter de mon dû, Ludo avec qui j'ai sympathisé attend que tout le monde s'en aille et m'offre un dernier verre de Limoncello. Nous nous délectons ensemble du fameux digestif et il en profite pour me glisser malicieusement un conseil à l'oreille.

- Toi, tu devrais t'occuper de la petite avant que quelqu'un le fasse à ta place !

Sur ce, il manque à peine de me déboiter une épaule en m'honorant d'un geste amical par trop musclé, puis ferme la porte de son restaurant.

Johan et Quentin sont allés prendre le frais un peu à l'écart de la tonnelle avant d'aller dormir. Comme je m'approche, Quentin m'invite à m'asseoir avec eux.

- Oh JB, me dit-il ! Je t'ai vu encore boiter en sortant de la douche. Ça a marché le Tap aujourd'hui ?
- Oui, ça m'a aidé, mais j'ai d'autres cloques qui se forment un peu partout autour.
- Fais-nous voir un peu la tête que ça a, tu veux ?

Après un moment d'hésitation j'enlève mes chaussettes et défaits mes pansements de fortune. Mon gros orteil est toujours aussi enflé et mes pieds bouffis saignent de part et d'autre.

- Ouah cama, s'écrie Johan ! Mais comment tu fais à marcher avec ça ?

- Toi cama, reprends Quentin, si tu veux continuer, va falloir qu'on te soigne !

Mes deux amis belges me laissent les attendre cinq minutes sur mon tronc d'arbre, les pieds à l'air, le temps d'aller chercher ce qu'il faut. Ils désinfectent patiemment mes plaies et refont mes pansements avec le Tap en m'expliquant comment m'y prendre le lendemain.

- Les pieds c'est important, on nous apprend à en prendre soin à l'armée. Pour un soldat c'est vital. Tiens JB, au cas où on devrait se séparer, le Tap est à toi. La grosse cloque sur le côté, vaut mieux un *Compeed*, tu devrais demander à Pia, il doit lui en rester. Passe une bonne nuit, on se voit demain cama !

Mes deux bienfaiteurs prennent la direction de leur campement, installé aux abords de la bergerie sur une planche en hauteur et moi le chemin du dortoir. Pia s'y trouve déjà sans doute.

Le conseil de Ludo résonne à mon oreille. Devrais-je l'écouter ? Une simple amitié survivra-t-elle aux kilomètres ? Au point où nous en sommes, nous sommes tous pressés de finir, mais moi je suis triste à l'idée de ne plus jamais revoir les personnes que j'ai rencontrées sur cet incroyable sentier. Et la distance fait déjà son œuvre : Pia et moi n'avons même pas pensé à écrire un texto aux profs comme nous avions promis de le faire pour leur donner de nos nouvelles ! Il n'y a pas de réseau ici, c'est vrai, mais nous aurions pu penser à mettre un message en attente… Et Florian, a-t-il abandonné ? Où dort-il à cette heure ? Loin des yeux, loin du cœur, dit le dicton, s'appliquera-t-il aussi à notre beau quatuor ?

Je la trouve allongée avec son petit carnet, ainsi que je l'avais imaginée, les cheveux ondulant de la même gracieuse manière qu'à *Carozzu*, sur le lit spartiate où elle s'est étendue. Elle me fait signe de la rejoindre et m'accueille avec un sourire gêné dans la semi pénombre du dortoir. Me voyant déballer mes pieds momifiés, elle m'offre spontanément son dernier *Compeed,* puis retourne à son écriture. Comme je m'allonge à côté d'elle et lui propose d'approcher, elle s'adresse à moi avec une voix froide et cassante.

- Quelqu'un m'attend et moi je l'aime, tu le sais bien. D'ailleurs qu'est-ce qu'on ferait tous les deux ? Dis-moi ? On habite à mille kilomètres l'un de l'autre…
- Pas grand-chose, c'est vrai. C'est idiot.
- Quelqu'un t'attend toi aussi, j'en suis sûre et elle t'aimera comme tu mérites de l'être, tu verras !
- Peut-être, mais ce soir j'ai de la peine à l'idée de ne plus jamais vous revoir.
- C'est comme ça. J'ai de la peine moi aussi, mais on le savait dès le départ. Cette aventure nous apprend à profiter de l'instant, de chaque précieux moment comme un présent. Ah oui ! Je voulais te dire : c'est Éloïse qui a profité du lit que tu as laissé à *Petra Pana.* La tempête a éclaté dans la nuit et elle a pu se reposer dans le refuge à côté de moi. J'ai pensé que cela te ferait plaisir de l'apprendre. Dors bien JB !

À ces mots Pia se retourne et semble s'endormir aussitôt. Pourtant écrasé de fatigue, mon sommeil m'échappe de longues heures durant, d'autant que les randonneurs des alentours n'ont de cesse de se succéder aux sanitaires situés juste à côté du dortoir, devisant d'un cabinet à l'autre comme s'ils étaient devant un étale de poisson au marché. Au bout d'une heure de récriminations inefficaces devant si peu de savoir vivre, je débusque le compteur électrique et sans un bruit le désactive, plongeant subitement les loquaces usagers dans un noir complet. D'abord muets comme des carpes, puis esquissant un petit :

- Vous pouvez rallumer la lumière ?
- Attention y'a une petite marche à l'entrée. On n'y voit rien là-dedans, y'a un petit con qui a éteint la lumière et personne ne sait comment faire pour la rallumer !

Ils terminent comme ils peuvent et s'en retournent dormir dans leurs tentes sans trainer. J'en entends encore deux ou trois qui trébuchent et l'un d'entre eux altruiste dire à l'égard des autres en partant :

Enfin tranquille, je me repasse en boucles les itinéraires, les distances et les dénivelés des étapes restantes décrites par la carte de mon père. Si nous marchons encore à l'allure qui a été la nôtre aujourd'hui, nous doublerons sans mal *Asinau* avant midi et atteindrons les aiguilles de *Bavella* demain soir. Il ne me resterait alors qu'un petit jour pour atteindre *Conca* dans les temps !

Vendredi 20 juillet 2018
Dixième jour

Forse era scritta
(C'était peut-être écrit)

Après un sommeil sporadique, le réveil est forcément plus rude qu'à l'accoutumée, mais mes préparatifs routiniers sont désormais plus prestes qu'aux premiers jours et cela me permet d'aller prendre un solide petit déjeuner sous la tonnelle sans mettre en retard mon équipée. Je jette mon barda poussiéreux parmi une lignée d'autres sacs absolument impeccables, tous composés de la même manière, un tapis de sol argenté savamment plié sur le côté et attaché au moyen d'un élastique prévu à cet effet. C'est la marque de fabrique d'une association de randonneurs policés, prêt à partir pour un raid de quatre jours jusqu'à *Conca*. Ils semblent soucieux de la manière dont leur pantalon tombe sur leurs chaussures neuves, revérifient vingt fois la check-list de leur matériel et boivent les paroles de leur guide, carte IGN en main, hochant la tête en fins connaisseurs. Quand d'aucuns me voient arriver la démarche mal assurée jusqu'à la table communautaire, ma gamelle d'eau chaude dans une main et mes deux misérables dosettes de café esquichées dans l'autre, les chaussures grandes ouvertes pour préserver mes pieds le plus longtemps possible avant le départ, les vêtements à moitié secs tout juste décrochés de l'étendoir, les cheveux en bataille et la barbe de dix jours ne laissant entrevoir qu'un fin morceau de lèvre, je lis dans leurs regards un mélange de compassion et d'incrédulité à l'idée que je puisse suivre un itinéraire identique au leur, pour lequel ils se sont eux-mêmes si soigneusement préparés !

Faisant fi de leur étonnement et peu désireux de me lancer dans une longue conversation, je sors de ma poche le fond odorant d'une vieille boîte de rillette, dont je tartine le contenu sur un morceau de pain dur. Comme le met se laisse difficilement mastiquer, je le trempe dans mon café, dont le noir se colore aussitôt d'une belle tâche de graisse blanchâtre, laquelle arrache un haut le cœur à l'une des randonneuses médusée quand j'avale d'un trait mon écœurant breuvage. Sitôt qu'elle a le dos tourné et tandis que je vois Pia venir à ma rencontre, je sors une miche plus fraîche et un pot de confiture de noisettes achetée la veille à la petite boutique *d'Usciolu.* Elle me rejoint à table en me gratifiant de son joli sourire, auquel je réponds tout en lui offrant une onctueuse tartine de la précieuse confiture.

- Tu ne sais pas ce qui s'est passé ? Me demande-t-elle en ricanant. Cette nuit Johan a roulé sur plusieurs mètres en restant endormi. Quentin s'est inquiété de ne plus l'avoir à côté de lui en se réveillant et il l'a retrouvé en train de ronfler tout contre la tente de quelqu'un d'autre !
- Plusieurs mètres, c'est-à-dire ?
- Au moins deux planches en dessous !
- Et ça ne l'a pas réveillé ?
- Ben quoi, s'exclame Johan en se joignant à nous. Moi quand je dors cama, je dors !
- Je ne vous dis pas la tête de la bonne femme en sortant de sa tente ce matin, reprend Quentin ! Elle trouvé Jojo bien calé contre la toile, juste à côté de son mari !
- Et moi qui croyais que c'était Quent' ! Hein ma caille, dit Johan en s'étirant ? Allez, on se sustente

et on y va les camas ! Vous êtes chauds pour avionner jusqu'à *Bavella* ?

- Ça va s'faire finger in the nose, lui répond Quentin en me tapant sur l'épaule. Pas vrai ?

Pia je ne sais pas, mais moi je ne suis pas si sûr de pouvoir réitérer la performance de la veille. Ceci étant, les soins et les conseils de Quentin ont eu pour effet de stabiliser les douleurs et les plaies de mes pieds et je me sens un peu plus gaillard qu'à l'accoutumée. Comme nous voyons les tapis d'argent de nos policés congénères briller tels les écailles luisantes d'un serpent sur la crête de *Punta Tuzzaredda,* nous nous remettons en route et marchons à l'allure effrénée de Quentin, laquelle nous fait rejoindre les autres randonneurs assez vite. Courtois, ils se mettent à l'écart pour nous laisser passer, nous regardant filer au-devant d'eux les yeux exorbités.

Avionnant au pas de course comme à l'armée, Quentin évoque sa prochaine mission qui devrait le conduire au Mali pour lutter contre le terrorisme et les voyages qu'il prévoit de faire ensuite en Europe. Quelqu'un l'attend depuis peu à Liège, mais ce gaillard là que rien n'inquiète semble libre comme l'air. Quelle probabilité y'avait-t-il pour que germe entre nous une telle amitié ? Entre deux militaires et deux enseignants, d'âges différents, issus de deux mondes que tout oppose, faisant pourtant cause commune sur le sentier, tous quatre soudés et désormais inséparables en dépit de nos différences ?

Nous progressons si vite que nous atteignons *Bocca Stazzunara* sans que je n'anticipe le moins du monde l'approche du point culminant de l'étape. À plus de 2000 mètres d'altitude, cette bouche comptant parmi les plus hautes de la partie sud nous offre une des vues les plus fantastiques du GR20. Les aiguilles de *Bavella* semblent avoir été crachées par la terre en jet de lave pour conquérir le ciel, rouges à-pic surmontés du vert criard des essences qui les peuplent, elles offrent au paysage un contraste saisissant. Les mers qui se rejoignent juste derrière s'étendent à perte de vue, de-ci, de-là surmontée d'îles qui semblent flotter comme des nénuphars, enveloppées de brume. Scrutant ma carte pour tenter de localiser la Sardaigne, je vois mes compagnons s'engager comme un seul homme dans la descente sans même s'arrêter un instant.

- Hé, mais attendez moi ! Vous ne voulez pas au moins qu'on prenne une photo ?
- On la prendra après cama, me répond Johan sur un ton énergique, sinon on va s'faire reprendre par les bleus bites !

La colonne des marcheurs associatifs nous talonne de peu en effet et je dois me contenter de deux malheureux clichés peu convaincants de la merveille qui s'offre à ma vue.

La technicité de la descente me fait cependant vite oublier ma frustration. De larges dalles en dévers, érodées par les passages intempestifs des randonneurs, présentent face à la pente un risque certain. Je vois les mollets de Pia trembloter par moments et entends rouspéter Johan d'avoir les pieds et les genoux en feu. Quentin, lui ne dit rien, nous montrant simplement du doigt le refuge *d'Asinau,* apparaissant soudain dans notre ligne de mire quelques centaines de mètres de dénivelé plus bas. Dans la descente, nous retrouvons Guy aux prises lui aussi avec les tracas de l'itinéraire, mais tout à fait ravi de nous revoir. Il est d'ailleurs si enthousiaste, qu'il nous accueille en nous racontant une blague de son cru, laquelle a pour effet de décontracter l'ambiance. Je lui sers à mon tour celle du jeune corse fort, fier, beau et indépendant qui se marie avec la Pauline, investissant du mieux que je peux les accents chantants de mes amis de *Cozzi,* ce qui a le don de bien faire rire le vétéran. Tandis qu'il se bidonne, Guy relâche hélas son attention et sur un bloc instable perd l'équilibre. Le poids de son sac, ennemi implacable sur les sentiers escarpés, l'entraîne irrépressiblement dans le vide. Nous assistons impuissants à sa chute tandis qu'il redouble d'efforts pour orienter son corps dans la direction du chemin balisé. Et le pauvre vétéran de rouler comme un billot dans les éboulis ! Quentin qui menait la marche s'est débarrassé de son propre sac et s'est précipité à sa rencontre. Nous faisons tous de même et relevons le pauvre Guy avec d'infinies précautions. Il est un peu sonné, mais en dépit d'une belle balafre au mollet droit ne s'en sort pas si mal. Comme il se remet en route, Pia éclate en sanglots.

- J'ai eu si peur pour lui, me dit-elle en hoquetant ! Ce chemin est plus dangereux que je ne l'avais imaginé !

- Ça va aller maintenant. *Asinau* n'est plus très loin et ma carte indique ensuite un replat dans la forêt qui contourne les aiguilles.
- Tu as entendu Johan parler de la variante alpine ?
- Oui, elle serait plus courte mais plus scabreuse à ce qu'on dit.
- Et en plein soleil, s'exclame Pia ! Il n'est pas encore midi et je meurs de chaud. Quoiqu'il arrive, je pense que je vais laisser la variante de côté, tant pis pour le raccourci !

Sur ces entrefaites se laisse enfin atteindre *Asinau*, le fameux refuge reconstruit à l'instar de *Pratì* suite à un incendie. La localisation aurait pu être mieux choisie, nonobstant les besoins des randonneurs, car le lieu est pour le moins inhospitalier. Situé au carrefour des granges et du col de *Bavella*, il offrira sans nul doute un cadre dépaysant aux bleus bites cette nuit, mais comme il est encore tôt, pour nous, évidemment pas question d'y séjourner. Nous nous procurons quelques victuailles que nous dévorons sur la terrasse ensoleillée et élaborons notre stratégie d'avancement pour l'après-midi.

Quentin se laisserait bien tenter par la variante alpine, mais en jaugeant la chaleur croissante du soleil, Johan craint à juste titre d'y laisser la peau de ses voûtes plantaires. C'est finalement pour le GR20 officiel que nous optons et je n'en suis pas fâché. Je sais devoir encore économiser mes dernières forces, car dans l'hypothèse où nous atteindrions le col de *Bavella* avant la nuit, il nous resterait encore la bagatelle d'une étape et demi à parcourir jusqu'à *Conca.* Comme je vois Pia entrer en conciliabule avec Romain et Clément, les deux jeunes frères avec qui elle a sympathisé aux environs de *Vizzavone*, quelle n'est pas ma surprise de revoir Hiba et Cathy, les deux réunionnaises descendant les derniers lacets comme des cabris ! Reconnaissant aussitôt Pia juste à côté, Hiba me salue en m'adressant un petit clin d'œil, puis me fait signe de la rejoindre à la source du refuge, où elle entreprend de remplir ses bouteilles.

- Alors tu vois, je te l'avais bien dit, la foi soulève des montagnes ! Dis-moi, comment vont tes pieds ?
- Beaucoup mieux, merci ! Quelqu'un m'aide à les soigner.
- Super ! Je suis bien contente que tu aies pu continuer. Je pensais à toi justement ce matin.

Quatre jeunes ont été obligés d'abandonner à *Matalza* sans qu'on sache trop pourquoi. Je me demandais si j'allais te revoir avant la fin.

- Les chasseurs alpins ?
- Des militaires, oui je crois ! Tu les connais ?
- À peine. Alors, vous allez jusqu'où aujourd'hui ?
- On va essayer de doubler jusqu'à *Palirì.*
- *Palirì !* Mais c'est encore à 15 kilomètres ! Pourquoi ne pas vous arrêter au col de *Bavella* ?
- On a un bus à prendre demain à 13h qui doit nous ramener au port de Bastia, on ne peut pas se permettre de rater le bateau. En partant de *Palirì* ce sera faisable, de *Bavella* c'est trop risqué. Pour arriver à l'heure il faudrait partir avant 5h du matin !
- Et toi Jean-Baptiste, m'interpelle Cathy, tu ne devais pas aller chercher ta voiture à *Calenzana* ?
- Oui, mais j'ai une petite marge, mon bateau ne part qu'après-demain.
- Une petite marge c'est vite dit, s'exclame Hiba ! Rien ne t'assure que quelqu'un voudra bien te ramener en stop jusqu'en Balagne. Tu ferais mieux de venir avec nous !

Cette conversation me dévaste ! Je jette un coup d'œil aux membres de ma petite équipe, en train de goûter au repos de la désormais rituelle sieste méridienne, la mort dans l'âme à l'idée de leur dire adieu le soir même. Comme le couple de réunionnaises passe à table, les autres membres de mon quatuor rassemblent leurs affaires.

- Finalement Guy est parti avec Clément et Romain sur la variante alpine, nous signale Pia en plantant ses bâtons dans le sol.
- Alors Quent', demande Johan, qu'est-ce qu'on fait ?
- Il fait trop chaud, ils vont cuire au sommet. On fait comme on a dit. On est venu pour le GR20, c'est le GR20 qu'on suit !

Les deux itinéraires se confondent aux abords d'un ruisseau. Ils nous mènent ensuite dans un sous-bois où la fraîcheur nous ragaillardit. Le sentier de la variante oblique soudain en pente raide sur la gauche, ce qui ne nous laisse pas l'ombre d'un regret. Notre quatuor se rassemble une dernière fois à l'ombre d'un arbre pour un petit encas et comme le topo guide ne signale aucune difficulté, nous décidons d'un commun accord de terminer notre étape chacun à notre rythme. Les pins et les bouleaux auront été nos alliés sur l'ubac, mais ils cèdent peu à peu leur place aux rocs volcaniques de l'autre côté et il nous faut affronter la dernière montée dans une chaleur infernale. Mes gourdes remplies peu de temps auparavant à l'eau glacée d'une source me sont alors d'un précieux secours.

Pia a choisi délibérément de rester un peu à l'écart sur le dernier tronçon. Lanterne rouge, je la regarde du coin de l'œil évoluer dans la fournaise non sans une certaine inquiétude, mais comme elle refuse et mon eau et mon aide à deux reprises, je finis par accélérer le pas et rattraper les centaines de mètres qui me séparaient des militaires. Lorsque je les rejoins enfin, les deux camas sont en plein repérage, car ils aimeraient assez pouvoir installer leur bivouac dans un endroit agréable. Le problème, c'est que le col de *Bavella* est accessible en voiture et que cela fourmille de monde.

Pia parvient au col à son tour, la mine écarlate et complètement en nage. Elle nous propose d'aller nous renseigner pour trouver un gîte abordable dans le petit hameau touristique qui s'est construit tout autour de la route. Nous optons finalement pour l'un d'entre eux à 25 euros la nuit, ce qui reste tout de même convenable. D'autant plus convenable que nous disposerons d'un coin cuisine et de plusieurs douches chaudes pour le décrassage en règle qui s'annonce. Nous n'avons pas le temps de procéder à la chose que Guy et les deux jeunes frangins nous rejoignent et prennent place dans notre dortoir. La toilette se fait dans la bonne humeur générale. Romain nous évoque la variante alpine comme un tour de force qui valait le déplacement, mais un tour de force tout de même, que nous ne sommes pas fâchés d'avoir évité.

Une fois bien proprets, l'heure est venue de nous approvisionner pour le repas du soir, car nous décidons d'un commun accord de cuisiner notre dernier repas. Johan et Quentin qui auraient dévoré une vache insistent pour que nous mangions quelque chose à la terrasse du restaurant du gîte avant de nous approvisionner à la boutique du coin. Pia et moi approuvons l'idée et commandons une glace. Les deux militaires affamés optent pour des hamburgers et des frites dont ils rêvaient depuis le début de l'aventure, fondant littéralement de plaisir en mastiquant leurs plats bien gras.

Les goûters dévorés et les courses faites, nous retournons au col où je profite de l'occasion pour adresser une prière à la majestueuse Dame des Neiges, puis me plonge dans la vue familière où serpente la *Solenzara*, dans laquelle chaque année nous allons nous baigner avec mes enfants et sautons à pieds joints dans les belles piscines d'eaux douces et profondes couleur émeraude, se cachant à la vue des voitures au milieu des grands pins.

Un faible réseau nous offrant de pouvoir rassurer nos familles, nous demeurons aux abords de la route presqu'une bonne heure durant. Tandis que j'éteins mon téléphone après une conversation avec mon fils Maxime, je vois soudain un visage familier se rapprocher.

- Anne-Emmanuelle ! Mais qu'est-ce que tu fais ici !
- Oh la la JB, c'est une longue histoire, me répond-elle en me sautant dans les bras ! Tu es avec les copains ?

- Mais oui, regarde ! Ils sont juste au-dessus, en train de téléphoner ! Oh mais madame ! Que de belles chaussures vous avez !
- Tu as vu un peu la classe, me dit-elle en arborant ses nouvelles Quechua flambant neuves !

Me voyant gesticuler, mes trois amis écourtent leurs appels et viennent à la rencontre de la jeune femme en l'embrassant à leur tour avec effusion.

- Mais comment tu as fait pour arriver à *Bavella,* l'interroge Johan incrédule. Tu es venue en parapente ou bien ?
- Vous vous rappelez de l'état de mes chaussures ? Et ben quand le gardien de *Pratì* a vu qu'elles étaient irrécupérables, il a eu pitié de moi et m'a proposé de m'accompagner à dos d'âne jusqu'à *Palneca* où il devait descendre pour réapprovisionner le refuge.
- Faut dire qu'avec tout ce qu'on lui a bouffé, l'interrompt Johan, y'en avait sacrément besoin !
- Oui, c'est sûr, reprend Anne-Emmanuelle. Bref, j'ai eu un peu mal au derrière dans la descente, mais j'ai fini par y arriver. Une fois là-bas, j'ai fait du stop et plusieurs autres sauts de puce jusqu'à

Ajaccio. J'ai pu acheter de nouvelles chaussures de marche et dormir dans une auberge le soir-même. Le lendemain, j'ai fait du stop dans le sens inverse et me voilà !

- Et Victoire, l'interroge Quentin, tu sais où elle en est ?
- Aux dernières nouvelles, elle aurait pris une journée de repos à *Pratì* et aurait continué le lendemain. Je pense qu'elle doit avoir un jour de retard sur vous.
- Donc qu'est-ce tu vas faire, la questionne Pia, l'attendre au col toute la journée ?
- Pourquoi pas ! Sinon prendre la variante Alpine et redescendre par le GR20 pour découvrir les aiguilles.
- Tu pourrais demander à Romain et Clément, reprends Pia, ils sont passés par là aujourd'hui.
- Je veux bien, ils dorment avec vous cette nuit ?
- Oui, lui répond Pia, on s'est tous retrouvé dans le même refuge, mais j'y pense et toi ? Où est-ce que tu vas dormir ?
- J'ai sympathisé avec des allemands qui m'ont proposé de passer la nuit dans leur tente.

- Ah, ça c'est ballot, s'écrie Quentin ! Y'a justement un lit de libre dans notre dortoir !

Nous nous regardons tous dans le blanc des yeux et une idée nous traverse l'esprit au même moment. Les randonneurs sont savamment mis à l'écart des autres usagers de l'hôtel et du restaurant, à tel point que nous sommes logés au sous-sol du gîte et disposons d'une sortie réservée donnant sur l'arrière-cour. Rien de plus facile pour introduire Anne-Emmanuelle que d'entrer normalement dans notre dortoir et d'aller lui ouvrir de l'intérieur sitôt arrivés dans nos appartements. Nous mettons immédiatement notre stratagème à exécution, non sans adrénaline en passant l'air de rien devant la réception. Et lorsqu'Anne-Emmanuelle prend gratuitement possession du lit vacant, nul randonneur n'y trouve à redire, surtout pas en se remémorant les galères qui lui a fallu surmonter pour être des nôtres aujourd'hui et encore moins quand il nous en prend de calculer le prix de revient de la petite chambre sombre où on nous a si gentiment entassés pour la nuit !

Johan s'affaire aux fourneaux pour faire cuire les spaghettis et la sauce bolognaise, quand Pia et Anne-Emmanuelle prennent sur elles d'organiser le nettoyage communautaire des vêtements à la magnifique machine à laver mise à disposition des randonneurs dans une sorte de buanderie jouxtant le restaurant. Manifestement, il y a un problème avec un jeton qui aurait été indûment avalé par la machine sans réaction aucune. Cela a le don d'énerver passablement Anne-Emmanuelle, qui finit par aller réclamer furibonde le remboursement du jeton en question au patron du gîte. La voyant faire, personne n'a la présence d'esprit de la dissuader d'aller se plaindre à l'étage, étant entendu que pour dormir, elle est la seule à n'avoir pas payé son dû ! Ceci étant, son audace s'avère efficace, car non seulement elle n'est pas jetée dehors, mais contre toute attente, elle redescend avec un nouveau jeton offert par la maison !

Une fois le cycle de lavage correctement lancé, nous abandonnons nos vêtements au jus noir dans lequel ils trempent et allons-nous régaler de nos spaghettis. J'entends alors des chants polyphoniques ravir mes oreilles et parvient à convaincre les membres de mon quatuor d'aller siroter une bière au restaurant pour les écouter après dîner. Anne-Emmanuelle renonce à tenter le diable une deuxième fois et comme elle est fatiguée, décide après manger d'aller goûter à un repos mérité dans le dortoir en compagnie des autres randonneurs, lesquels dorment déjà à poings fermés.

Nous prenons quant à nous place assise parmi les autres clients du restaurant au moment précis où Hiba et Cathy empruntent le GR20 conduisant à *Palirì*, lequel se trouve par hasard juste en face du gîte où nous avons élu domicile. Me voyant assis à table, frontales vissées sur la tête elles me crient :

- Coucou JB ! On va descendre de nuit au prochain refuge. On se dit peut-être à demain dans le bus !
- À quelle heure est-il ce bus ? Me demande Pia qui s'est assise à côté de moi.
- Il y a une navette à 13h pour *Santa Luccia* de *Porto-Vecchio*, puis une correspondance jusqu'à Bastia.
- Ça va être chaud ça cama, s'exclame Johan ! Faudra que tu te lèves à 4h du mat pour le choper !
- Tu n'as pas d'autres solutions, me demande Quentin ?
- Pas encore non, lui dis-je en réprimant une grimace. Si j'avais su, jamais je ne me serais encombré de ma voiture !

- Moi, je viendrai avec toi si tu veux...

Pia a dit ça dans un murmure, au beau milieu de la reprise par les chanteurs corses *d'Undite Nunda*, une chanson de Felì qui m'arrache un frisson.

- On va tous venir avec toi cama, déclare Quentin !
- Je suis d'accord, approuve Johan !

Je reste un instant sans rien dire et comme le dit la chanson : *Forse Era scritta* ! Ce chemin, ces rencontres, Pia, Quentin, Johan et toutes ces autres personnes qui m'étaient encore inconnues il y a dix jours à peine, quelle place si chère ont-elles prise aujourd'hui ! Pia, Quentin et Johan à qui demain il faudra dire adieu…

- Dis JB, me demande Pia en s'accrochant à mon bras, tu ne vas pas pleurer dis ? Promis ?
- Non, ça va aller, ne t'inquiète pas. Je veux pouvoir profiter de cette soirée et de notre dernière étape avec vous. Demain matin, nous nous réveillerons sans nous presser et nous nous mettrons en route comme d'habitude, tous ensemble jusqu'à *Conca* ! Il me restera une demi-journée à mon arrivée pour trouver une solution. Je vous offre une dernière pinte, allez, c'est ma tournée !

Les bières arrivent et en dépit de ce que mes amis belges ont déjà ingurgité depuis notre arrivée à *Bavella,* ils les accueillent avec ravissement.

- Je lève mon verre au GR20, aux montagnes corses et à vous mes amis ! Je suis tellement honoré et heureux d'avoir marché à vos côtés ! *Pace e salute* !
- *Pace e salute*, me répondent-ils en chœur !

Nos amis belges vident leurs chopes d'un trait, mais Pia boude la sienne. Toujours agrippée à mon bras, elle pose sa tête sur mon épaule et ferme les yeux ; et les chants polyphoniques de nous transporter un moment hors du temps.

Samedi 20 juillet 2018
Onzième jour

En famille à Conca !

Je me réveille en plissant le front, surpris de constater l'absence de Guy, ainsi que celle des deux jeunes frangins, Clément et Romain, partis sans un bruit de bon matin. Pia et Johan semblent quant à eux fins prêts à repartir. Étonnamment, c'est Quentin le moins matinal, le bras ballant entre les barreaux du lit superposé qu'il occupe, il dort encore profondément.

- Le confort, plaisante Johan, ça te ramollit un homme!

Devant l'insistance de son frère d'armes, notre chef d'équipe finit par émerger avant huit heures, bougonnant un peu en réunissant ses affaires. De mon côté, c'est le soin négligé la veille de mes pieds martyrisés qui m'accapare le plus de temps. En me rechaussant, une douleur désormais familière circule dans mes jambes jusqu'à la pointe de mon échine. Peu importe ! Il en faudrait bien davantage pour m'interdire d'affronter la descente de *Conca* aujourd'hui, dussé-je la dévaler sur les mains !

Je rejoins Pia, Johan et Anne-Emmanuelle autour de la petite table de la cuisine mise à disposition par le gîte. Ils sont en train de se régaler des délicieux restes du petit déjeuner boudé par d'autres randonneurs ayant opté pour la pension complète.

- Tu veux un peu de jus d'orange, me demande Anne-Emmanuelle d'un air malicieux ?
- Euh, oui, je veux bien.
- Attends une minute, me dit-elle, je vais aller en redemander !

Nous partons tous d'un grand rire en la voyant remonter à l'étage pour importuner le patron du gîte une fois encore. Cette Anne-Emmanuelle, non mais quel toupet ! Voilà le genre de tempérament qu'il faut avoir pour partir à l'aventure ! Elle redescend les bras chargés de jus, de beurre, de pain, de confiture et de miel dans un tonnerre d'applaudissements.

Bien repus, nous lui disons au-revoir dans la fameuse

arrière-cour du gîte où nous l'avions introduite la veille et comme elle s'aventure sur la variante alpine à la rencontre de Victoire, nous nous remettons en route dans une direction opposée à la sienne.

Notre chemin serpente entre les pins et à l'issue d'une petite série de *mounta cala*, le grand sud de l'île se dévoile enfin. Il est encore difficile d'identifier le point final de notre randonnée dans les contreforts du massif des aiguilles, mais vraiment, ici la vue est de toute beauté.

Nous atteignons sans encombre le refuge de *Palirì* après deux bonnes heures de marche. C'est un petit fief de pierres camouflé entre les rochers rouges, l'endroit idéal pour nous sustenter d'un dernier encas. Tout en savourant des *canistrelli*, nous nous parlons de nos métiers, de nos petits quotidiens, non sans une certaine nostalgie en nous figurant quitter le sentier et revenir à nos vies ordinaires.

Quand nous nous remettons en route, le temps jusqu'ici au beau fixe devient soudain maussade, à l'instar de nos humeurs, le ciel brillant pleurant de-ci de-là quelques gouttes de pluie.

Difficile de qualifier la beauté de la descente de *Conca*. Elle est presque irréelle, comme un feu d'artifice de couleurs, de reliefs, de végétations et de senteurs, offrant un écrin à la hauteur des promesses des horizons.

Le maquis et les pins boisent notre itinéraire jusqu'aux ruines de *Capedu,* où les militaires belges essaient en vain de débusquer une source. Celle qui était annoncée dans les guides étant probablement asséchée, le manque d'eau nous oblige à nous rationner sous un soleil qui se découvre, devenant torride à mesure que nous perdons de l'altitude.

Tandis que nous progressons au pas rapide et cadencé désormais familier de Quentin, Pia semble s'être retranchée dans ses pensées, lointaine et silencieuse, comme empruntant déjà un autre chemin que le mien. Tous dégoulinants de sueur, nous ne sommes pas fâchés de croiser le ruisseau de *Punta Pinzuta*, oasis providentiel où nous retrouvons Guy, Romain et Clément en train de barboter dans des vasques d'eau claire. Il est déjà trop tard pour espérer embarquer dans la navette jusqu'à *Santa Luccia*, alors j'enfile mon maillot et m'empresse de les rejoindre. Quel contraste avec les ondes glacées du nord ! Cette eau de rivière est aussi tiède que celle d'un bon bain ! D'ailleurs personne ne peut résister au plaisir de s'y baigner et il est bien difficile ensuite de trouver la motivation de repartir.

Nous le faisons finalement à l'impulsion des deux jeunes frères, qu'un ami corse doit venir récupérer à *Conca* en début d'après-midi et qui pourrait d'ailleurs nous convoyer Pia et moi à défaut de navette.

C'est donc un escadron de sept vaillants randonneurs qui survole les cimes ultimes du GR20, avionnant à une allure faramineuse, dépassant une énième colonne de bleus bites jusqu'au portail *d'Usciolu.* Quentin que rien n'aurait fait ralentir dans le dernier raidillon, s'arrête à l'endroit de cette porte taillée dans la pierre en voyant les premières maisons de *Conca*, lesquelles déclenchent dans nos rangs une grande clameur. La chaleur semble croître au rythme de nos pas tandis que nous nous rapprochons du niveau de la mer. Les gorges sèches comme du carton, nous dévalons les derniers escarpements, jusqu'à atteindre la source *Radicali*, coulant à l'orée des sous-bois.

Les cris et les ovations reprennent de plus belle tandis

que l'eau fraîche coule dans nos gosiers assoiffés. Nous nous en aspergeons en riant comme nous le ferions d'un champagne millésimé, car cette eau a la saveur de la victoire !

Sur la petite route blanche goudronnée menant au fameux village de *Conca*, c'est Guy qui a été chargé d'ouvrir la marche. Trottant derrière notre aîné, nous arrivons sur une petite place où un écriteau nous indique la fin de notre odyssée, après plus de 180 kilomètres parcourus à pied dans les montagnes corses !

Quentin insiste pour que Johan, Pia et moi le rejoignions, disant vouloir prendre une photo de la petite famille que nous avons formée sur le sentier. Nous nous tenons par la main et célébrons ensemble notre triomphe. Ainsi s'achève notre *Fra Li Montì* !

Le chemin du retour

Les bières s'entrechoquent sur la terrasse du petit café où nous nous sommes attablés. Pierre et Stéphanie que Johan a prévenus par téléphone de notre arrivée se sont joints à nous pour nous féliciter. Nous avons tout juste le temps de porter un toast, que la voiture attendue par Romain et Clément arrive sur la place. Nous nous tombons dans les bras, nous promettant de nous revoir très vite, ici ou ailleurs, peu importe le lieu. Pia et moi embarquons dans la voiture, laissant derrière nous nos chers amis belges, le cœur serré après de trop courts adieux.

Pia doit se rendre à *Porto-Vecchio* chez des connaissances de ses parents où elle est attendue pour la fin de son séjour sur l'île. Tandis que nous atteignons la côte, je sais quant à moi devoir prendre la direction opposée. Notre chauffeur l'ignore, alors arrivé à *Santa-Luccia,* il continue vers le sud comme si de rien n'était.

- Je vais m'arrêter ici s'il vous plaît, dis-je au conducteur d'une voix sans timbre. Je dois aller en direction de *Calenzana* cet après-midi.
- Oh, mais il fallait le dire tout de suite, s'exclame-il confus ! On vient de faire quatre ou cinq bons kilomètres dans le mauvais sens !

Pia me regarde et me sourit comme au premier jour.

- Bonne chance Jean-Ba, me dit-elle d'une voix éthérée. Merci de t'être occupé de moi. Quand j'arrive je t'appelle et moi, je ne t'oublie pas !
- Merci à toi Pia ! Je vais continuer à écrire et à prier et moi non plus, je ne t'oublie pas ! Prends grand soin de toi ma belle !

Romain et Clément m'adressent de grands signes pour me dire au-revoir et Pia, qui ne m'a pas quitté des yeux tandis que je rassemblais mes affaires, me souffle dans sa main un dernier baiser. La voiture les emporte alors dans un nuage de poussière, me laissant soudain seul comme au commencement, seul et désemparé.

Je ramasse nonchalamment mon gros sac, si lourd qu'il semble soudain avoir été chargé d'un amas de pierres, m'empare de mes bâtons à pleines mains et boîte jusqu'au trottoir d'en face le pouce tendu.

Quelle folie ! Il est déjà 15h30 et je réalise que j'ai l'équivalent de mon périple à parcourir dans le sens inverse pour récupérer ma voiture et tenter d'embarquer à Bastia dans moins de vingt-quatre heures !

Un rapide point d'étape sur internet me laisse entrevoir la possibilité de prendre un train à *Corte* en direction de *Calvi*, à condition d'y arriver à temps.

La route nationale est très fréquentée, mais les voitures filent à vive allure sans m'accorder la moindre attention. Au bout de plusieurs dizaines de minutes d'attente interminables, un petit van daigne enfin s'arrêter. C'est le patron d'un hôtel localisé à *Porto-Vecchio* qui est au volant, un corse qui s'enorgueillit de la victoire de la France à la coupe du monde de football ! Il a la gentillesse de m'amener jusqu'à *Ghisonaccia* où il doit justement aller récupérer des clients tombés en panne sur la route. Mes yeux ne sauraient se détourner des montagnes tout au long du trajet, au cours duquel j'essaie d'identifier la localisation du refuge de *Pratì* dans les hauteurs.

Je dois ensuite d'arriver jusqu'à *Vaccaja* à une jeune militaire travaillant à la base de *Solenzara* et grande amatrice de Salsa. J'y fais une halte pour dévorer un plein panier de fruits savoureux, achetés à un étal installé en bord de route. Je suis ensuite accompagné jusqu'à *Corte* par un formateur de jeunes adultes en insertion professionnelle avec qui j'ai grand plaisir à partager ma maigre expérience de conseiller.

Arrivé au cœur historique de l'île, à seulement quelques encablures de mon village de *Novale d'Alesani*, j'ai la déception d'apprendre que le dernier train à destination de *Calvi* vient de partir et il me faut attendre encore longtemps aux abords d'un rond-point pour qu'une bande d'étudiants guillerets m'amènent jusqu'à *Ponte-Leccia.* La générosité n'ayant ni âge, ni origine, c'est ensuite un accompagnateur de canyoning qui me guide jusqu'à *l'Ostriconi*, bien au-delà de sa propre route, près d'une auberge où je pourrais passer la nuit. Il est en effet déjà près de vingt heures et je commence à douter que d'autres âmes charitables acceptent de me prendre en stop en pleine nuit. Contre toute attente, deux femmes presqu'en âge d'être à la retraite me font grimper à l'arrière de leur petite Citroën, décorée façon yéyé jusqu'à l'entrée d'Ile-Rousse. Nous avons partagé notre amour commun pour la Corse sur le tronçon et sympathisé un brin. Comme je me remets en marche en direction de *Calvi*, je constate horrifié que j'ai égaré mon téléphone dans leur voiture. Mon Dieu ! Mes photos, les numéros de mes amis rencontrés sur le GR20, mes textes, tous mes souvenirs ! Paniqué je reviens sur mes pas et faisant fi de ma fatigue et de mes douleurs, cours à perdre haleine dans la direction qu'elles avaient prise après m'avoir déposé. Croisant dans une ruelle des vacanciers en train de siroter un apéritif, l'idée me vient heureusement de m'appeler avec un autre téléphone, croisant les doigts pour que la batterie du mien ne soit pas encore complètement déchargée. L'une de mes bienfaitrices décroche à la première sonnerie et m'informe être en train de faire demi-tour pour me ramener le précieux objet !

Je le serre fort entre mes pognes sitôt après l'avoir récupéré, me remémorant les grands moments de mon aventure en faisant défiler les photos de mes amis sur le petit écran, les yeux embués de larmes. Remontant du refuge de *Petra Pana* en direction des crêtes au plus fort de la tempête, je demandais à Dieu pourquoi fallait-il toujours renoncer aux gens qu'on aime. En regardant mes précieuses photos, je réalise soudain le privilège qui a été le mien de faire la connaissance de ces personnes exceptionnelles, combien je préfère les avoir rencontrées et ce, même s'il a été si difficile de leur dire au-revoir.

Longtemps je me souviendrai de la bravoure d'Owen tremblant sans une plainte dans les passages escarpés du sentier, de l'amour fraternel de Laurent pour sa grande sœur Eloïse, de la franche camaraderie et de l'humour des profs trouvant mille stratagèmes pour être ensemble aussi souvent que possible aux côtés des leurs, des esprits libres et aventureux de Benjamin et de Florian, de la débrouillardise rigolote de Victoire et d'Anne-Emmanuelle, de l'amour que se vouaient Pierre et Stéphanie, inséparables dans leur partie nord du GR20, de la complicité et du courage des deux jeunes frères Romain et Clément, de la vitalité et de l'abnégation de Guy, faisant fi de son âge, arrivant presque sans encombre au bout du chemin, de la douceur et de la sagesse de Cathy et Hiba. Et comment oublier la solidarité et l'amitié extraordinaire tissée avec Johan et Quentin ? Comment ne pas me souvenir de la foi, de la tendresse et du mystérieux sourire de Pia ?

Profiter de chaque moment, de chaque rencontre comme un don unique et précieux, aura été mon principal enseignement et mon principal moteur sur ce si éprouvant et si merveilleux chemin de montagne. Un chemin parcouru de bout en bout à la rencontre de moi-même.

Comme le soleil se couche sur l'Ile Rousse, je suis en passe de baisser mon doigt et de chercher un endroit où dormir, quand une voiture de luxe s'arrête juste devant. On m'invite à y prendre place et on me propose de m'amener jusqu'à *Calvi*. C'est à un jeune couple en voyage de noces à qui je dois cette proposition inespérée à cette heure si tardive. Ils me racontent avoir fait ensemble le tour de la Corse en stop l'année précédente et s'être promis depuis de rendre la pareille aux voyageurs égarés. Je suis très heureux de profiter de cette réciprocité que je m'engage intérieurement à offrir en retour sitôt revenu sur le continent. Je conte aux amoureux quelques bribes de mon aventure qui semble les toucher au point qu'ils décident de faire un large détour jusqu'à *Calenzana*, où ils me déposent à la nuit tombée. J'en profite pour leur montrer l'emblème du grand départ, indiquant la fameuse direction de *Conca* sur le GR20.

Je dépose mes affaires et me change dans ma voiture que je retrouve recouverte de poussière, comme si un siècle venait de s'écouler. Un siècle ou bien juste le temps d'un rêve, car déambulant dans les rues du village comme je l'avais fait seulement onze jours auparavant, je douterais presque que cette incroyable aventure ait réellement existé.

Il y a une petite pizzeria qui accepte de m'accueillir en dépit de l'heure avancée et je m'installe à table sur la terrasse pour savourer un dîner bien mérité. Un père et son fils terminent justement leur repas au moment où je vais commencer le mien. Frais comme des gardons, je les imagine se lancer sur le sentier après une bonne nuit de sommeil demain matin. Je ne peux m'empêcher de les questionner pour leur prodiguer quelques conseils, en fin connaisseur.

- Mais non, me répond le père avec un fort accent anglais. Nous avons fini le GR20 justement ce matin et avons pris un coûteux taxi jusqu'ici !
- Ah bon, lui dis-je incrédule, vraiment surpris de les voir tous deux si pimpants ! C'est bizarre que nous ne nous soyons pas vus ! En combien de jours vous l'avez bouclé ?
- 5 jours !
- 5 jours ? Avec des petits sacs de traileurs ?
- Mais non, en autonomie, avec des sacs de randonneurs ! Tenez, celui de mon fils faisait près de douze kilos ! Vous savez, c'est totalement faisable avec un minimum d'entraînement !

Comme la pizza arrive, je la dévore un rien contrarié et m'en délecte sans plus prononcer un seul mot ! 5 jours ! Et moi qui voulais tirer parti de la situation pour frimer ! Bon joueur, je leur adresse tout de même un salut amical en les voyant sortir de table et commande une délicieuse part de tiramisu pour parachever mon festin.

Je rembarque enfin dans ma vieille voiture que je prends un rare plaisir à conduire, luttant jusqu'à *Novale* pour ne pas m'endormir au volant.

Ma maison et mon lit sont fin prêts à m'accueillir et j'arrive in-extremis pour en profiter juste à temps. Demain matin, j'embrasserai mes amis de *Cozzi* avant de rejoindre le continent et à eux, je pourrai sans autre contrariété, narrer tout mon soûl mon exploit !

Quelques jours après…

Poème et homélie

Des pages entières de mes notes de voyage se sont effacées après une panne inopinée de mon téléphone portable. Qu'à cela ne tienne, il me reste l'autre moitié de mes vacances d'été pour consigner mes souvenirs sur le GR20.

J'écris le soir en camping avec ma fille près des Calanques de Cassis, puis à Bordeaux chez ma petite sœur que j'avais grand hâte de revoir, chez mes parents dans un coin douillet de leur maison de Tende et enfin sur Nice où je rends souvent visite à mon fils, qui termine son petit contrat de serveur sur la place Rossetti. Pas très loin de l'endroit où il travaille, mon horizon s'illumine tout à coup d'un nouveau sourire, encore plus doux à mes yeux que ceux qui lui ont précédés.

Je pense à la prophétie de Pia, souhaitant tout à coup qu'elle se réalise et reçois d'elle un soir un poème, lequel me dévoile une bribe de son récit secret:

« *C'est le cœur étourdi*

Que je regarde encore traverser dans le jour,

Les espaces endormis, l'immensité qui court.

C'est amusée, perdue, pendue à l'étendue sauvage et orgueilleuse que je regarde toujours les forêts qui paressent, le ruisseau qui s'entête.

Campagne tu t'imposes à mes choix, à mes pas, à mes élans,

Timides parfois mais sûrs toujours de faire de toi chez moi, de mettre en toi ma voix, d'attester pour la terre abandon sans détour.

D'offrir aux claires prairies un amoureux transit."

Pia

Je repense alors à notre prière dans la forêt et en consultant par hasard le petit mensuel *Prions l'église,* où je retrouve le fameux évangile du dimanche 15 juillet, c'est notamment l'homélie qui m'interpelle, car le père qui l'a rédigé a écrit :

« Dès lors que nous ne sommes pas seuls, la route se fait plus facile, plus audacieuse et surtout plus lumineuse lorsque qu'elle flirte avec les ténèbres. »

Comment ne pas penser à chacune des personnes formidables rencontrées sur ce GR20 en lisant ces quelques lignes, comment ne pas me souvenir de Johan, de Quentin et de Pia, qui auront rendu cette aventure merveilleuse et à qui je dédie le présent témoignage de nos Brèves de vie, sur le *Fra Li Montì !*

Ce livre a été imprimé en France

Dépôt légal : juillet 2019

26106228R00149

Printed in Great Britain
by Amazon